JN439544

행복 부스터

김성윤 수필집

교음사

| 책머리에 |

행복은 바로 내가 만드는 것

아름다운 동행을 내고 책을 낼 생각도 못 했습니다.

그저 다른 작가들이 책 낸 것이 부럽기만 했습니다.

신께서 제가 쓴 글들을 세상에 묻히는 것이 아까워하셨는지? 다행히 한국장애인문화예술원에서 지원금을 받아서 책을 내게 되었습니다. 꿈만 같습니다. 지원받는 것은 하늘의 별 따기와 같은 것입니다. 그래서 기대도 하지도 않았습니다. 저를 지원해 주신 한국장애인문화예술원에게 감사드립니다.

두 번째 『행복 부스터』를 낼 수 있게 되어서 정말 신께서 저를 도와주시고 계심을 확신하게 됩니다. 오경자 교수님과 이민호 선생님, 교음사 강병욱 대표님의 지속적인 후의에 감사드립니다. 함께 글공부한 문우님들과 저를 알게 모르게 도와주시고 기도해 주신 모두 분들에게 고맙고 감사드립니다.

제 글은 그렇게 잘 쓰는 글은 아닙니다. 그저 열심히 성실히 살아오면서 경험들을 글로 표현했을 뿐입니다. 독자들이 이 글들을 읽으면서 장애인 인식들이 조금이라도 개선되었으면 좋겠습니다. 또한, 장애인들이 저의 글을 읽으면서 노력하면 할 수 있다는 자신감과 희망과 꿈을 얻었으면 좋겠습니다. 저는 시간과 잠을 쪼개면서 정말 열심히 살다가 보니, 여기까지 오게 되었습니다.

하고 싶은 것을 꾸준히 노력하다가 보면 그것이 희망이 되고 꿈이 현실이 되어 직업이 됩니다. 불가능은 거의 없다고 생각합니다. 장애가 있으면 그만큼 노력이 더 많이 필요할 뿐입니다. 이 책이 이 우울한 세월에 모든 분들에게 그야말로 행복 더하기가 되었으면 좋겠습니다.

2022. 8. 5.

장안동 오피스텔에서 어느 저녁에 저자 김성윤

김성윤 수필집

▸ 차 례

▸ 책머리에

1. 설악산

2. 책갈피

5. 특별한 과일장수

1

설악산

손바닥이 똑같다

요즘은 많은 사람이 자기에 관하여 기념되는 것을 만들기 좋아한다. 화창한 오월 문인들과 박경리 선생님의 옛집을 방문하였다. 거실 가운데 박경리 선생님의 구리로 만들어진 오른쪽 손바닥이 있었다. 보기에도 작아 보았다. 무심코 내 오른손을 대어보았다. 이게 웬일인지 나의 손바닥과 똑같았다. 내 주위에 있는 문인들은 손바닥이 똑같다고 말하였다. 다른 문인들은 다 손바닥이 컸다. 내 손이 그렇게 작은 줄 몰랐다. 그냥 보통 손이라고 생각하였다. 선생님이 그 조그마한 손으로 토지를 집필하시고 시와 동화와 수필도 쓰셨다. 똑같은 손바닥으로 그분은 훌륭한 작품을 쓰셨다. 같은 손으로 나는 왜 그렇게 글을 잘 쓰지 못할까? 부럽기도 하고 자신이 한심했다.

선생님은 일제 강점기에 태어나 학교에 다니고 광복 직후 결혼을 하셨다. 6·25전쟁과 더불어 부당하게 남편과 헤어지고, 그 후 아들을 잃고 절망에 빠진 선생님은 글을 쓰는 것이 유일한 탈출구였다고 한다. 옛날에 내가 컴퓨터 배움에 한동안 미쳐있었다. 밤낮없이 공부하는 동안 현실의 아픔들을 잊을 수 있었다. 누굴 미워할 시간도 없었다. 몸은 힘들고 피곤해도 아플 시간도 없었다. 어쩜 그것은 세상으로부터의 도피였다. 그로 인하여 지금은 컴퓨터로 편안하게 생활하고 있다. 선생님도 나와 같은 심정이었을 것이다. 선생님의 그 아픔과 외로움이 훌륭한 작가로 만들었을 것이다. 생활에 있어서 고통이 없는 사람은 글을 잘 쓸 수 없다고 한다. 어떤 분은 성윤 씨가 고통과 외로움이 있었기에 글을 쓸 수 있다고 하셨다. 그것은 성윤 씨에게 아주 귀중한 보물이라고 말씀하신 생각이 난다. 그 말씀이 맞는 것 같기도 하다. 하지만 나는 글을 쓰는 데 있어 아주 많이 부족하다. 사실 난 학교생활도 겨우 하고 책도 많이 읽지도 못했다.

성인이 되었을 때, 직장을 얻기 위해 방황과 괴로움으로 직장을 찾아다니기 바빴다. 그나마 여기 조금 저기 조금 다니다 보니, 불혹의 중반에 접어들었다. 이제는 직장 생활을 단념하였다. 지금은 책도 좀 읽고, 글 쓰는 데 대하여 공부를 하고 있다. 글을 자주 쓰려고 노력하고 있다. 늦깎이가 선생님을 부러워하는 것은 욕심인지도 모르겠다. 늦다고 생각할 때가 빠르다고 한 말이 생각난다. 선생님이 서재에서 글을 쓰면서 밤샘을 하다가 보료에 누워 잠시 주무시는 모습이 필름처럼 떠오른다. 그 서재는 깨끗하고 소박하게 잘 정리가 되어 있었다. 서재를 보면서 선생님의 성품이 짐작되었다.

선생님은 김동리 선생님께 글을 배우는 동안, 수 없이 글을 고쳤고, 고민하면서 서재에서 외롭게 보내시던 선생님, 그 끈기와 집념이 있었기에 한국의 최고의 토지가 탄생하였다. 차를 타고 집으로 돌아오면서 선생님 손바닥과 똑같은 이 손으로 더 열심히 글을 써야겠다고 다짐한다. 좋은 글을 쓸 수 있을지는 모르지만 말이다. 그나마 꿈이 있다는 것에 살아가는 이유가 되고 행복할 수 있다.

『수필문학』 2012. 8월호

어느 아름다운 날에

벚꽃들이 활짝 피어난 모습이 아름다워 황홀했다. 뭉게뭉게 피어난 벚꽃 구름과 와르르 쏟아지는 꽃비를 보며 최용신 선생님의 기념관으로 향했다. 심훈 선생의 소설 『상록수』의 주인공 채영신이 바로 최용신 선생이라는 것을 처음 알았다. 그 유명한 소설을 읽지 못한 것이 부끄러워 시간을 내어 꼭 읽어보리라 다짐한다.

어릴 적부터 독실한 기독교 신자였던 최용신 선생은 신학교 3학년 때 학업을 포기했다. 그 후, 글자를 깨치지 못한 사람들을 가르치기 위하여 샘골 강습소(요즘의 안산)로 내려갔다. 아이들과 부녀자들, 청년들을 가르쳤고 주일에는 교회에서 설교도 했다. 한편, 농촌 생활 개선을 위해 영농지도와 위생시설 개량을 위하여 힘쓰기도 했다. 최용신 선생은 나라를 수레에 비유하여 두 개의 바퀴를 남성과 여성이라고 했다. 둘이서 힘을 합쳐야 수레가 제구실할 수 있다고 주장했다. 여자들이 교육을 제대로 받지 못하고 남자들이 폭력을 일삼아도 참는 것이 당연하게 여겨지던 시절이었다. 유정란을 받아 병아리들을 얻어, 그 병아리를 길러 돼지를 사고, 다시 소를 사서, 가난을 물리칠 수 있는 경제적 기반을 만들기도 하였다. 비록 여자이지만 그런 능력이 당차고 존경스럽다. 여성도 배워야 하고 모든 이들이 글자를 깨쳐야 한다는 신념으로, 온 힘을 바쳐 활동하는 동안 자신을 돌볼 겨를이 없었다.

부실한 식사와 과로로 최용신 선생은 결국 병을 얻었다. 입원하여 수술을 두 번이나 받고 회생하려고 애쓴 보람도 없이 아까운 생을 마감했다. 최용신 선생의 나이 스물다섯이었다. 아름답고 꿈이 많은 나이라서 더 슬프다. 불꽃처럼 살다가 너무 일찍 쓰러진 최용신 선생의 삶이 가슴에 들어왔다.

꽃이 피고 지는 봄날처럼 아름답고 안타깝게. 해 놓은 것도 없이 나이만 먹은 내 삶을 돌아본다. 혼자 몸 건사하기도 힘들어 여기저기 아프다. 바닥난 체력을 끌어올리려면 또 한약이라도 먹어야 할 것 같다. 이런 식으로 나만 생각하며 사느라 다른 사람을 쳐다볼 여유가 없었다. 꽃 같은 나이에 자신을 돌보지 않고 다른 이를 위해 살다가 병을 얻어 죽음을 맞이한 최용신 선생은 얼마나 힘들었을까? 가녀린 최용신 선생을 지탱해준 힘은, 낮은 곳으로 가서 기꺼이 희생한 예수의 삶을 본받고자 하는 신앙에서 비롯되었을까. 가난과 무지의 고통에 식민지 백성의 서러움까지 겹쳤던 일제강점기. 세상을 바꾸고자 하는 의지만으로 극복하기엔 벽처럼 가로막는 장애물이 너무 많고 그 힘이 막강했다. 황폐한 들에 핀 들꽃 같은 최용신 선생의 삶이 눈물겹다.

최용신 선생의 약혼자 김학준은 하관 전에 최용신 선생의 관 위에 자기 외투를 벗어 덮어주었다고 한다. 다른 여인과 혼인하여 살았지만, 최용신 선생을 가슴속에 간직했다. 학준은 아내와의 사이도 나쁘지 않았다. 그는 죽을 때 최용신 선생의 옆에 묻어달라고 하였다. 아내는 그대로 해주었다. 마음이 다른 여자에게 가 있는 남편과 평생 살았으면서도 남편의 뜻을 존중한 그 아내의 마음은 어떤 것일까? 남편의 사랑까지 끌어안은 더 큰 사랑이 아니었을까. 사람의 마음이 얼음장처럼 차가워진 이 세상에서는 보기 힘든 귀하고 아름다운 마음이 아닌가.

돌아오는 길에도 꽃은 여전히 눈길을 붙잡는다. 그들의 뜨겁고 아름다운 생애가 메마른 마음을 적신다. 꽃이 진 자리에 잎이 돋아나고 다른 꽃이 피어나려고 분주히 고개를 내민다. 최용신 선생이 꿈꾸었던 더 나은 세상을 향하여 발돋움이라도 하는 듯.

2014. 4. 8.

인천 구경

인천까지 지하철을 타고 가는데 꽤 멀다. 인천역까지 오니, 벌써 교수님이 와 계셨다. 글 벗들이 아침을 먹고 오지 않았을까 봐 떡까지 가지고 오셔서 나누어주신다. 너무나 섬세하시다.

4월 봄이다. 자유공원에는 왕벚꽃이 만발하고 탐스럽다. 생전에 처음 보는 꽃이다. 밝은 햇살이 참으로 좋다. 이렇게 좋은 날 올 수 있었던 것이 우리 문인들이 다 복 받았다고 생각한다. 봄꽃들이 여기저기 피어서 서로가 앞다투어 뽐내고 있다. 아름다운 자연과 벗할 수 있다는 자체가 행복하다.

문학이라는 것과 인연을 맺지 않았다면 이런 곳에 올 수 없을 것 같다. 또한, 염치 불고하고 따라왔지만 내 걸음에 맞추어 걸어주고 계단을 오르고 내려갈 때 손잡아주는 것이 무척이나 고맙다. 혼자서 이런 곳에 오기는 정말 쉽지가 않다. 직장에 다니고 책을 읽고 글을 쓰고 틈틈이 부족한 것들을 찾아서 내 나름대로 혼자 인터넷 강좌를 듣거나 스스로 공부하다가 보니, 늘 시간에 쫓기면서 살아간다. 가끔 이런 곳에 오며 힐링이 된다. 이것은 나에게 큰 복이다. 봄과 가을에 고려대 평생교육원과 『수필문학』에서 가는 문학기행이나 세미나 등을 따라다니다가 보면 몇 년이 지나면 안 가본 데가 없을 정도로 전국을 돌아다니게 된다. 직장 때문에 또는 개인 사정으로 못 갈 때도 있지만 말이다.

봄의 경치가 참으로 좋다. S 선생님께서 떡과 커피를 가져오셔서 나무 그늘 벤치에 앉아서 이야기를 나누며 먹으니, 초등학교 소풍 온 기분이다. 먹고 나니, 배가 너무나 부르다. 아침부터 마련해서 힘들게 가지고 오신 것을 생각하니, 감사하고 미안하다. 난 몸만 따라왔는데 말이다. J 선생님은 초콜릿까지 가져와 나누어주신다.

인천에 와 구경하기는 처음이다. 우물 안에 개구리처럼 살아왔다. 역사자료관, 차이나타운, 인천개항 박물관, 한국근대문학관, 한중문화관 볼 것들이 참으로 많았다. 구경하면서 일제강점기 시대에 화폐제조를 하여 100원을 꾸어주고 이자를 250원을 받았다는 것에 새로운 사실을 알게 되었다. 화폐제조를 너무 다양하게 만들어 우리나라 사람들이 복잡해서 사용하지 않게 되어서 결국 실패로 끝났단다.

G 선생님께서는 유명한 신승반점에서 자장면과 탕수육, 팔보채를 사 주셔서 먹었다. 생각대로 꽤 맛있었다.

4월 27일은 정말 힐링이 되는 아름다운 추억으로 남을 것이다.

단지 마음에 걸리는 것은 글 벗들에게 받고만 왔다는 것에 마음에 걸린다. 다음에 갈 때는 내가 간식을 준비해 가야 하겠다.

2017. 5. 2.

설악산

새벽 5시 30분에 출발하여 설악산에 8시에 도착하였다. 벌써 아침 일찍 나와 산책을 하거나 산에 올라갔다 오는 사람들이 많았다. 새벽에 일찍 깨는 새가 벌레를 잡을 수 있다고 했다. 산에 갔다 오는 사람들이 일찍 일어난 것에 대한 보람이라고 생각한다. 나도 이처럼 아침에 산에 오르고 싶다는 생각을 해본다. 아무 도움 없이 건강하게 혼자 오를 수 있다는 그 자체는 축복이다. 산에 올라가지 않아도 자연 그 자체가 좋다. 아마 삶은 주어진 환경에서 만족하면서 살 때 그것이 행복인지도 모른다는 생각을 해본다. 맑은 공기가 우선 다르다. 파란 하늘에 뭉게구름들이 보기 좋았다.

우선 식당에 들어갔다. 산채비빔밥이 맛있었다. 아침을

안 해 먹고 와, 늦은 시간이라서 맛이 있었는지도 모르는 일이다. 평소 우리집 식구들은 아침 6시 30분에 식사를 한다. 다른 날에 비해 꽤 늦은 아침이다. 그래서 더 맛이 있는지 모르겠다.

다른 식구들은 절에 갔다 온다고 올라가고 아버지와 나는 모처럼 손을 맞잡고 다정하게 주위를 천천히 걸어 다녔다. 아버지의 따스한 손이 좋았다. 아버지와 같이 걸으면서 자연과 벗하는 그 순간이 즐겁다. 식구들이 내려와 우린 커피숍 밖에 있는 야외 테이블에 앉아서 차들을 마셨다. 나는 달콤한 카푸치노커피를 마시며 주위에 나무들을 구경하였다. 단풍 구경을 하고 싶어서 왔는데, 아직 단풍이 들지 않았다. 푸른 나무들은 있는 그 자체로도 아름다웠다. 눈이 맑아지고 나무 냄새가 좋았다. 모처럼 이런 곳에 와 귀한 대접을 받는 기분이다. 열심히 살다가 맞은 망중한(忙中閑)이기 때문에 더 보람된 시간이다.

무엇이 바빠서 여유를 가지지도 못하고 정신없이 살아가는지 모르겠다. 지금 집에 있으면 책을 읽거나, 글을 쓰느라 끙끙대고 있을 것이다. 가끔 이런 곳에 오는 것이 축복이라고 생각한다. 그러기 때문에 이 시간이 더욱더 소중하게 느껴지는지도 모른다. 조금 더 구경하다가, 내일 모두 직장과 학교에 갈 생각하여 빨리 출발을 하였다. 오다가 막국수와 닭갈비를 먹고 집에 오니, 오후 4시가 되었다. 다행히 생각보다 빨리 갔다 왔다. 다음에는 금요일 저녁에 갔다가 하룻밤 자고 구경하고, 저녁 늦게 출발해서 오면 차 밀리지 않아서 고생하지 않아도 될 것 같다.

모처럼 짧은 시간의 여행이 행복했다. 이 추억이 오랫동안 남을 것 같다.

2015. 10. 17.

모처럼의 여행

벽에 가던 시계가 섰다. 약이 다 달아서 꼼작하지 않고 건전지를 갈아 끼어달라고 보채고 있다. 시계도 잘 가다가 쉬어 주는데, 사람도 가끔씩 쉬어 주어야 하지 않을까? 어쩜 쉬지 않고 하루하루 버티면서 견디는 것이 시계보다 못하다는 생각이다. 갑자기 밑에 남동생에게서 연락이 왔다. 회사에서 빌려주는 한화 콘도에 빈자리가 났다고 당장 금요일에 휴가를 내라고 한다. 직장에 취직한 지 한 달 좀 지난 후에 월차휴가를 냈다. 말은 들어봤지만 내 평생직장을 열 군데도 더 다녀봤지만, 월차휴가가 없었다. 불이익 항목에 하나 더 추가된 셈이다. 생각만 해도 속상했다. 역시 주민센터에서 행정도우미로 일하는 것이 가장 편하다. 더구나 월차휴가까지 사용할 수 있어서 정말 좋다. 주민센터에서는 민원상담이 가장 많다. 언어장애만 없어도 공무원 시험을 보고 싶다. 어디 속상하고 하고 싶은 일이 한두 개인가?

2년 동안 직장 때문에 문학기행도 참석 못 했다. 올해는 문학기행도 참석할 수 있을 것 같다. 식구들과 여행이 얼마 만인가? 꽤 오랫동안 가지 못한 것 같다. 이번 기회는 그동안 열심히 살았다고 신이 주신 아주 특별한 선물 같다. 죽변항에 들러서 아버지가 대게를 사 주셨다. 어머니와 아버지, 동생 내외와 조카 둘 이렇게 7명이 실컷 먹었다. 어머니와 나는 배가 너무나 불러서 저녁도 먹지 않았다. 막냇동생 네 식구와 같이 못 와서 섭섭했다. 아버지는 대게 두 마리를 막냇동생네로 택배로 부쳐주었다. 그다음 날, 오후 늦게 올케에게서 전화가 왔다. 아버님 덕분에 배부르게 실컷 맛있게 먹었다고 말이다.

한화 콘도에 짐을 풀어놓고 백암온천에서 온천욕을 하고 나와서 식구들과 모처럼 즐겁게 지냈다. 다음 날 식당에서 아침을 간단히 먹고 묵호항으로 향했다. 이 겨울 바다를 언제 보았는지 생각이 나지도 않는다. 끝이 없이 파도치는 푸른 겨울 바다. 우리 삶도 크고 작은 파도들이 끝없이 친다. 이것이 우리들의 희로애락(喜怒哀樂)의 삶인지도 모른다. 난 몸만 따라가 부모님과 동생 내외 덕분에 행복한 날들을 보냈다.

언제 이런 기회가 또 오려나? 2017. 4. 17.

사라져 간다

눈이 아파서 꽤 오랜만에 안과에 왔다. 아직 문을 열지 않았다. 10시가 되려면 아직 40분은 더 기다려야 한다. 날씨는 춥고 따스한 커피 한잔 마시고 싶어 자판기 커피를 찾아보니, 자판기는 보이지 않고, 카페만 보인다. 카페에 가 커피를 마시기는 아깝다. 세계 최초의 자동판매기는 BC 215년 이집트에 등장한 성수(聖水) 자동판매기다. 인건비가 비싼 미국에서 인건비 절약을 위해 만든 1940년대 이후의 자판기가 우리가 보는 자판기의 시작이라 할 수 있다.

한국에 처음 도입된 것은 1970년대 후반이다. 초기에는 보급 초기의 특성인 수익도구(收益道具)의 기능이 중시되었으나, 1980년대 이후 차차 서비스 도구의 역할이 증대하여, 이용 상품업체의 판촉 장비로서, 또는 고객의 편리성 제고 등을 위해 공공장소에 설치되고 있었다.(역사 네이버 출처)

그러나 그마저도 이제 점점 보기 힘들게 되었다. 옛날에 양말 가공소 공장에 다닐 때, 회사 옆에 커피 자판기가 있어서 피곤할 때 한잔 뽑아먹거나 아니면 동료들과 이야기하면서 먹는 커피 맛은 제일 좋았다. 또한, 공원에 연인끼리, 친구들끼리 걷다가 다리가 아프면 긴 나무 의자에 앉아서 마시고 하였다. 그런 낭만이 사라진 것이다. 서민들이 쉽게 먹던 자판기 커피는 200원, 가격에도 부담이 없었다. 자판기 하던 사람들도 카페에 밀려 눈치를 보다가 그것마저 못하게 되었다. 그럼 그 사람들은 어떻게 살아갈까? 궁금하다. 자판기가 유행하던 시절에 '나도 한번 해볼까?' 하는 생각도 있었다. 안 하기 잘한 것 같다. 세상은 영원히 존재하는 것이 없는 것 같다.

요즘은 장애인복지관이나 성당이나 구청 안에 다 카페가 있다. 다들 수입목적으로 하고 있다. 카페라테나 생과일주스는 거의 한 끼 식사비와 맞먹는다. 어떤 사람은 직장에 다니면서 점심으로 컵라면을 먹고 커피를 사 먹는다는 웃지 못할 이야기도 있다. 어느 때부터 우리가 커피를 마시지 않으면 안 되는 시대가 되었는지 모르겠다. 이제는 인기 사업으로 카페가 유행되었다. 우리집 작은 골목에도 옆에 작은 카페와 맞은편에 오롯이라는 큰 카페가 생겼는데 한 번씩 가 봐야지 하면서도 한 번도 못 가보았다. 가끔씩 책을 들고 가서 천천히 읽으면서 카페에 앉아 여유로운 시간을 보내고 싶다는 생각은 하지만 아직 그러지 못하고 있다. 어쩌다가 친구를 만나서 생과일주스를 사 먹을 때도 있지만 자주 그럴 여유가 없는 것 같다. 출퇴근하면서 커피를 들고 다니는 것을 보면 그 사람은 부자일까? 아니면 젊은 사람들은 부모님이 주신 용돈으로 사 먹겠지? 하는 생각도 한다. 다 그 나름대로 사는 것이라고 생각한다. 요즘 저축하기보다는 우선 쓰고 편안하게 살고 보자는 시대로 바뀌어 가는 것 같다.

이렇게 늦게 병원을 여는 줄 알았다면 가족들과 커피를 타 마시고 볼일 좀 보고 올 걸 후회되지만 이미 어쩔 수 없는 일이었다. 부지런한 사람이 때로는 손해도 보고 게으른 사람이 이익을 보는 때도 있는 것 같다. 그러기에 다 살아가기 마련인가 보다. 바쁜 생활 속에 매사가 딱 맞추어 이루어질 수 없다 보니 카페들이 늘어나기만 하나 보다. 카페들이 사라지면 그 자리를 무엇이 대신하려나?

『수필문학추천작가회 연간사화집』 2018. 28호

뚝섬

뚝섬이라는 곳에서 50년 가까이 살아왔다. 1970년대 뚝섬은 채소와 비닐하우스가 많은 시골이나 마찬가지였다. 조금 세월이 지나자 공장지대로 바뀌었다. 뚝섬 하면 촌 동네 공장이 많은 동네로 알려져 있다. 병원도 멀고 없어서 왕십리나 상왕십리까지 갔다 오곤 했다. 이 동네는 도서관도 피자집도 큰 서점도 없어서 매일같이 촌 동네라고 투덜거리곤 했다. 서점이라도 가려면 지하철 타고 시내에 나가야 하는 데 정말 싫었다. 그나마 요즘은 가만히 앉아서 인터넷으로 주문하면 택배로 오니, 얼마나 편안한 세상인가?

바쁘게 살다가 보니, 나도 모르는 사이에 세월이 흘러 많이 변했다. 아니 부자 동네가 되었다. 뚝섬 사람들은 걸

보기에 가난해 보여도 다들 알부자만 산다는 소문이 돌았다. 그래서 이렇게 변화가가 되었는지 모르겠다. 강남 동네 사람들이 뚝섬에 있는 땅들을 사지 못해서 안달이다.

스타벅스는 아무나 지점을 주지 않는다는데, 그런 카페가 1층부터 3층까지 다 쓰고 그 위에 8층까지 병원들로 내과, 피부과, 정신과 등 꽉 들어찼다. 스타벅스에는 사람들이 너무 많아서 앉을 자리가 없다. 공장들이 다 나간 자리에는 사무실 빌딩들이 많이 들어서고 음식점들도 많이 생겼다. 점심시간이며 빌딩에서 나와서 식당으로 가는 사람들로 매우 복잡하다. 성동문화복지관이 생기고 그 안에 도서관이 생기고 재활의원까지 생겼다. 피자집과 많은 카페, 꽃집들이 생겨서 매우 발전하였다. 아직 큰 서점은 없다. 이제는 그만큼 책을 보는 사람들이 없고 스마트폰으로 인터넷이나 게임을 하고 연락하니, 책에 무관심한 것도 당연한 일이다. 하지만 책을 보지 않는다는 것이 점점 메마른 곳으로 가는 것 같아서 마음이 아픈 일이다.

어느 날 도서관에 가 시집을 빌려 보기도 했다. 생각보다 책이 많이 있지 않아서 실망했다. 내가 본 책들은 이곳에 기증해도 좋을 것 같다. 아는 언니에게 도서관 휴게실에 앉아서 컴퓨터 활용법을 가르쳐 주고 카페에 함께 가서 차를 마시면서 시간을 보내고 한다. 카페에 토요일이라서 그런지 앉을 자리가 없다. 다른 사람들도 모처럼 나같이 사람을 만나서 이야기를 하고 일주일 동안 쌓인 스트레스를 풀고 있는지도 모를 일이다.

세월 따라 편안하게 도서관을 활용하고 카페에 들어가 차를 마시니, 나도 따라서 부자가 된 기분이다. 세상에는 영원한 것은 없는 것 같다. 세월 따라서 사람도 품격이 달라지는 것 같다. 이 살기 좋은 세상이 변하지 않고 언제까지 이어질까? 은근히 걱정도 된다. 물질만능주의가 너무나 지나쳐 요즘 젊은이들이 저축을 안 하고 힘든 일을 할 생각도 하지 않는다고 한다. 또한, 정부는 자꾸 국민에게 퍼주기만 하는 것 같아 걱정이다. 그러다가 나라가 망해서 빈곤한 생활을 하게 될지 모를 일이다. 갑자기 텅 빈 괴물이 나올 것 같은 무서운 건물만 버티고 있을 것 같은 생각을 떨쳐내려 애써 머리를 흔들어 본다.

『수필문학』 2019. 10월호

효자 녀석

너를 만나고부터 무척이나 편안하다. 너는 나에게 있어서 효자 녀석이다. 이 폭염 속에 걸을 생각을 하니, 엄두가 나지 않는다. 그나마 네가 있어서 타고 바퀴만 돌리면 금방 갈 수 있으니, 시간도 아끼고 얼마나 좋은지 모르겠다. 일거양득이다. 편안하니, 걸어 다니는 것이 싫어졌다. 비가 오면 어머니가 사주신 비옷을 입으며 비 걱정도 사라진다. 비옷이 어머니의 사랑으로 비를 막아주니 말이다. 때로는 걸어야 하는데 말이다. 아파지고 나서 더욱더 자주 넘어지고 걸음걸이가 너무나 느려졌다. 진작 너를 사용하고 싶었는데 바보같이 다른 사람들 눈치만 보았다. 사실 다른 사람의 마음을 알고 이해한다는 것은 쉬운 일이 아니다. 그 반대로 나도 다른 사람들을 알고 이해하도록 노력해야 하겠다.

마트나 다른 곳에서 물건들을 구매해서 자전거 앞뒤로 싣고 오면 그렇게 편안할 수 없다. 나의 삶에 있어서 이렇게 고마운 네가 있어서 얼마나 행복한지 모르겠다. 네가 없으면 걸음걸이는 더욱 힘들어지고 그렇다고 매일 버스를 타고 다니는 것도 돈이 들어가지만, 버스가 흔들려 너보다 더욱더 위험하다. 계속 걷다가 보면 허리와 골반과 다리는 더욱더 아파서 어쩌면 병원을 찾아다니면서 검사를 받거나 아니며 한발도 움직이지 못할 수도 있을 것이다. 그나마 감사한 일이다.

특히 장애인이라고 쳐다보거나 함부로 말과 행동을 하지 않아서 좋다. 가끔 꼬마들이 보조바퀴 달린 자전거를 어른이 타고 다닌다고 비웃기도 하지만 말이다. 그러면 어떤가? 내가 좋으면 그만이다. 지하철을 타기 싫어서 상왕십리까지 타고 갔다 왔는데, 먹은 것이 없어서 불편한 다리로 바퀴를 돌릴 수 없어 쉬엄쉬엄 갔다가 온 적이 있다. 건강이 회복되고 다리에 힘을 키워서 우리 집에서 고려대까지 가볼 생각이다.

사실 나에게 자가용이 있었으면 좋겠다는 생각을 한다. 하지만 내 경제적 능력이 없는 걸, 대모님은 주님께 기도하라고 그러면 불가능이 없다고 하신다. 글쎄 그렇게 될 수만 있다면 좋겠다고 생각해 본다. 하지만 자동차를 타고 다니는 것이 왠지 무섭고 두렵다.

『수필문학』 2019. 5월호

봄꽃들

집에만 있다가 나오니, 따스한 햇볕이 무척이나 좋다. 코로나로 힘든 상태에도 계절은 속이지 못하고 여전히 겨울은 가고 봄이 왔다. 이럴 때, 어디론가 놀러 가고 싶다는 생각한다. 그렇다고 특별히 갈 곳도 없다.

꽃가게와 큰 트럭에는 예쁜 꽃들이 있다. 나를 보고 어서 와서 나 좀 봐달라고 꽃들이 웃으면서 손짓을 한다. 유혹에 못 이기고 트럭에 간다. 한참을 구경했다. 꽃들이 너무나 예쁘다. 며칠 전 장미를 사고 싶었는데 돈이 아까워서 사지 못했다.

잠시 마트에 들러서 장을 보고 오면서 또 트럭에 가서 한참을 기웃거린다. 망설이다가 노란 장미꽃 모종을 6,000원에 사고 말았다. 집에 놓아두니, 집 안이 다르게 보인다. 꽃이 탐스럽고 예쁘다. 꽃같이 사람들 마음씀씀이가 아름다웠으면 좋겠다. 늘상 사람들에게 상처를 받다가 보니, 기분이 우울하다. 왜들 가르치려 들고 무조건 충고할까? 그런 대접을 받기 정말 싫다. 그냥 놔두어도 나름대로 열심히 잘 살아가는데 말이다. 자기들 좁은 생각으로 다른 사람도 다 그럴 것이라도 생각한다. 엄마 집에 갔다가 오는데 동네 할머니께서 아픈 엄마 놔두고 독립하여 혼자 산다고 손바닥으로 등, 어깨, 팔을 서너 번 때렸다. 그리고 일주일 후 그 할머니 또 만났는데 엄마 집에 반찬 얻으러 오냐는 것이다. 기막혔다. 사람마다 환경과 살아온 처지가 다르다. 꽃을 보니, 마음이 좀 좋아진다.

집이 서향이라 오후에 햇살이 비친다. 꽃은 바람과 햇살과 물이 적당히 있어야 한다. 창문에서 햇살이 들어온다. 동향에 햇살이 들어오는 집을 구하고 싶었다. 입에 맞는 떡이 없다. 화분을 놓아둘 수 있는 원목 스툴 의자나 선반이 있었으면 좋겠다. 얼마 후에 화분 분갈이를 해 주었다. 요즘은 매일 보고 물을 주고 창문에 햇살을 받기 좋게 화분을 옮겨주어 싱싱하고 예쁘게 잘 자라고 있다. 노란 장미와 친구가 되었다.

꽃을 워낙 좋아하지만, 너무 많으면 관리하기가 힘들다. 장미꽃만으로도 족하다. 따스한 봄 햇볕과 꽃들이 만발하는 이 계절에 내 마음만큼은 아름답게 예쁘게 키우고 싶다. 또한, 여유가 있다면 사랑하고 고마운 분들에게 작은 화분을 선물하고 싶다.

2020. 4. 13.

2

책갈피

장난감 새

버튼만 누르면 조금만 한 예쁜 새가 조으롱조으롱 거리고 있었다. 둘째 올케가 아이를 안고 계단에 내려오다가 넘어져 인대가 늘어났다. 올케가 발을 다치지 않았으면, 매년 다 같이 큰집에 가 제사 음식을 만들고, 제사를 지냈는데 올해는 그렇게 하지 못하였다. 구정 전날 아침 일찍 부모님과 함께 둘째 동생네 집에 설날 음식 만든 것들을 가져다주러 갔다. 마침 큰 조카 녀석이 할아버지 할머니 따라간다고 나섰다. 여덟 살배기가 엄마 아빠를 떨어져 있겠다고 하니, 한편으로는 대견하였다. 강화 큰 집에 와 여자들은 제사 음식을 만드는 동안, 아버지와 첫째 남동생과 조카들 셋이서 겨울 바다 구경하러 간다고 나가니, 꼬마들로 정신이 없었던 집 안이 조용해졌다.

저녁 6시가 다 되어서 들어왔는데, 녀석이 자꾸 장난감 새 사 달라고 졸랐다. 저녁 늦게 첫째 남동생 네 식구가 집에 갔는데도, 다음 날 아침에 일어나자마자 또 "새 사주세요?" "새 사주세요?" 계속 새가 되어 짹짹거리고 있었다. 친할아버지께 절까지 하면서 재롱도 떨어보지만 안돼, 이제는 나에게까지 와 고모 만원밖에 안 한다고, 우는 시늉까지 하면서 어리광을 부렸다. 내가 사주고 싶었지만, 차를 타고 가야 하고, 길도 모르고, 안타까웠다. 그때, 큰할아버지께서 만 원을 주시는 것이었다.

그 돈을 받고, 넉살도 좋게 "할아버지 새해 복 많이 받으세요?" 절을 하지 않는가? 그것도 예절을 다해 예쁘게 하는 것이었다. 녀석은 "돈은 생겼는데, 어떻게 사러 가지?" 하고 어른같이 말하는 것이었다.

아침에 일찍 제 아빠가 와 다 같이 제사를 지냈다. 아침을 먹고, 결국 어린아이에게 두 손 두 발 다 들었다. 친할아버지와 제 아빠와 함께 전망대까지 가 장난감 새를 사 가지고 왔다. 아버지 말씀에 의하면 "장난감을 사는데, 자기 돈 있다고 만 원을 내놓아서, 그 돈 그냥 가지라고, 할아버지가 사 줄게?" 하셨단다. 아버지는 또 "아이가 양심이 있다."고 말씀하셨다.

새 장난감을 보니, 어른도 가지고 싶어 할 만큼 아름다운 장식용 새였다. 그것을 사 가지고 와 얼마나 좋아하던지, 보통 아이들 같으면 몇 번 조르다가 그만 포기하고 말 것이다. "녀석이 끈기가 대단하다."고 아버지께서 말씀하셨다. 난 '그래 민준아, 사람이 무엇인가? 얻으려면 이 세상을 살아가는데, 때로는 끈기와 인내가 있어야 한다.' 그것을 얻기 위해 가진 재롱과 아양과 어리광부리는 것이 다른 이들은 버릇없다고 할지 모르지만, 내 조카라서 그런지 귀엽고, 대견하기까지 하였다. 때로는 끈기와 인내도 필요하지만 남을 배려할 줄 아는 올바른 아이로 자랐으면 좋겠다.

옛날에 난 일러스트와 포토샵을 불편한 손으로 배운다는 것이 무척 힘들어하다가 결국 시험도 접었다. 이젠 다시는 그것 안 하겠다고 다짐하였다. 어느 날 회사에 취직하였는데, 내가 디자인을 하게 되었다. 그때 팀장님께 디자인 감각이 없다고, 얼마나 싫은 소리를 들었는지 후회막심이었다. 포기하지 않고, 계속 공부를 하였다면, 디자인 감각과 실력이 더 좋아졌을 것이다. 조카 녀석이 새를 가지고 놀고 있는 모습을 생각하니, 벌써 보고 싶어진다.

2012. 2. 3.

뜨개질 선물

올케가 떠 준 숄은 따스하고 포근하다.

단전호흡한 지, 얼마 되지 않아서이다. 함께 단전호흡하는 어르신이 재작년에 12월 크리스마스가 되기 며칠 전에 핑크빛 스마트폰 가방과 지갑을 손수 뜨개질을 하여 선물로 주셨다. 밝은 얼굴로 예쁘게 열심히 살아가는 것이 대단하고 기특하다고 말이다. 그렇다고 이런 선물까지 받아야 하나, 미안하기만 하다. 2D 핸드폰을 10년 넘게 사용했는데, 잘 넣어 가지고 다녔다. 아마 나같이 사용하면 스마트폰 가게가 다 망할 것이다. 그 후 2월에 고장이 나서 어쩔 수 없이 새 스마트폰으로 바꾸었다.

다리와 손이 불편하여 물건을 잘 떨어트린다. 이 가방이 정말 편하다. 어떻게 신께서 아시고 미리 준비해 주셨는지 모르겠다. 그 후 많이 더러워지고 낡았다고 버리라고 또 국방색으로 고급스럽게 떠 주셨다. 늘 그것만 가지고 다니다 보니, 낡아서 또 쓸 수가 없게 되었다. 마침 올케가 스마트폰 가방을 아주 고급스럽게 떠 주었다. 아는 분이 예쁘다고 어디서 생겼냐고 물어본다. 올케가 선물로 떠 주었다고 자랑스럽게 말했다.

큰올케가 숄을 밝고 예쁜 색깔들로 재작년 가을에 떠 주었다. 추운 날 그것을 걸치고 나가면 따스해서 좋다. 올케 덕분에 멋을 내본다. 사람들이 예쁘다고 부러워한다. 어떤 사람은 "시누이가 뭐가 좋아서 그런 것까지 올케가 선물을 해줘." 하고 톡 한마디 쏘아붙인다. 시누이와 올케 사이가 좋을 수도 있다.

시간이 있다면, 손이 불편하지 않다면 뜨개질을 배우고 싶다. 머릿속은 언제나 생각이 많고 하고 싶은 것도 많은데, 마음뿐이다. 가방이나 카드지갑 등을 떠서 고마운 사람들에게 선물한다. 다들 고맙다고 웃는 모습을 상상해 본다.

이런 귀한 선물들 받으니, 난 복 받았다.

오늘도 올케가 떠 준, 핸드폰 가방과 숄을 걸치고 즐거운 마음으로 외출을 한다.

여울문학회 『사람을 찾습니다』 2020.

먼저 손을 번쩍 드니

누구나 더 좋은 세상을 원한다. 어릴 적부터 처음 만난 아이와 금방 친해진다. 붙임성이 있어 누구에게나 사랑받는 아이. 늘 나를 보면 예쁜 고모다고 꼭 껴안아 주면서 뽀뽀까지 해주는 아이. 그래서 덩달아 나까지 행복하게 만드는 아이다. 유난히 그 조카 녀석이 더 예쁘다. 조카하고 고모 사이에 유전자가 25%나 있어서 서로가 좋아할 수밖에 없다고 한다. 설마 그래서 서로가 좋아하는지 모르겠다.

구정에 집에 왔을 때 자기 아들 자랑을 올케가 한바탕 한다. 공부도 잘할 뿐 아니라 학교에서 과학경시대회나 그 밖에 상들을 다 독차지해 다른 친구들이 무척이나 부러워한다고 한다. 엄마 아빠가 주말 부부이기 때문에, 회사에서 엄마가 늦게 돌아오거나 힘들어하면 사내아이 5학년짜리가 집 안 청소도 해 놓고, 자기 여동생 6살짜리 머리도 감기고 씻기기도 한단다. 엄마가 회사에서 올 때까지 동생에게 책도 읽어주고, 공부도 가르쳐 주어, 지금 구구단 3단까지 외운다고 한다. 주말에 농사를 짓는데, 엄마 아빠를 도와서 도리깨질도 잘한다고 한다. 어디 그뿐인가? 길거리에서 무거운 짐을 들고 가는 할머니가 있으면, 그 짐을 받아서 댁까지 가져다준다고 한다.

어느 날 자기 학급에 장애인 친구가 있어, 선생님은 그 친구와 "밤에 잘 사람?" 하고 말하니까 조카가 먼저 손을 번쩍 드니, 다른 아이들도 하나, 둘 따라서 들기 시작하였단다. "그래, 민준아 고모를 봐서라도, 네가 먼저 도와줘? 우리 민준이 참으로 착하다!" 내가 보기에도 기특한데, 엄마와 아빠는 얼마나 기특하고 대견할까? 막냇동생 부부가 아이들 교육은 잘 가르치는 것 같다. 요즘 아이들을 공부만 시키고, 예절교육이나 집안일을 안 시키는 부모들이 꽤 많단다. 그래서 자기밖에 모르는 개인주의가 되어가고 있다. 내 조카 같은 아이들이 많이 있어서, 잘 자라서 사회에 일꾼이 될 때, 그 사회는 밝아지고, 또 엄마 아빠에게 배운 것들을 그 자식들에게 가르치게 될 것이다. 그 조카의 선한 행동이 퍼져 다른 곳들로 전달되었으면 좋겠다.

사교성이 높고 착하고 똑똑한 조카 녀석이 잘 자라서 한 인물

(?)할 것 같다. 앞날을 모르는 일이지만, 그렇게 예쁘게 잘 자라다오. 이 고모가 아주 많이 사랑한다.

여울문학회『아들의 눈물』2018.

귀농

충주에 오니 맑은 공기가 정말 좋다.

동생이 인원 감축으로 설계사무실을 그만두게 되었다. 그렇게 열심히 성실히 일했는데 말이다. 동생이 귀농한다고 말해 모두 식구가 놀랐다. 그 힘든 생활을 어떻게 할지, 식구들이 말려보았지만, 소용이 없었다. 온 집안 식구들이 그냥 걱정만 하고 지켜보는 것밖에 아무 일도 할 수 없었다. 결국, 작년 7월에 막내 남동생은 충주로 귀농을 하였다. 자기는 도시 생활이 싫다고 했다. 아침에 출근하여 밤늦게까지 일하며 살고 싶지 않다고 했다. 하루를 살아도 낮에 일하고 저녁에는 식구들과 함께 즐겁게 살고 싶다고 했다. 아마 짧아도, 5년 정도는 고생해야 할 것이다. 지금은 버섯을 재배하고 있는데, 땅도 알아봐야 하고 이것저것 준비하는데 만만치가 않다. 자본금도 별로 없는데 어떻게 헤쳐 나아갈지 걱정이다. 한편으로는 동생네 식구들이 선택을 잘한 것 같지만 한편으로 안타깝다. 조카가 초등학교 5학년인데 그곳에는 말도 탈 수 있고, 그밖에 방과 후 수업도 무료여서 돈이 들어갈 필요가 없다. 그리고 조카딸 6살짜리도 제 오빠 학교 안에 있는 유치원에 다니는데, 거의 돈이 들어가지 않는다. 시골이기 때문에 아이들이 없어서 그만큼 혜택이 많다고 한다. 아이들을 공기 좋은 데서 자연과 함께 키우고 싶다고 했다. 그 점은 나도 같은 생각이다.

내일이 조카딸 생일이라. 오늘 일찍 일어나서 아침을 먹고 어머니, 아버지와 함께 충주로 향했다. 그곳에 가니, 조카 두 녀석이 고모 왔다고 꼭 껴안아 준다. 요 예쁜 것들, 조카딸에게 생일 축하한다고 돈 봉투와 머리핀과 목걸이와 거울과 빗을 선물로 주었다. 선물을 열어보고, 고모 얼굴에다 뽀뽀를 서너 번 해 준다. 그리고 하는 말이 "고모는 어쩜 이렇게 내 마음을 잘 알아요?"라고 한다. 그러면서 "고모는 이 세상에서 제일 예쁘고 착하다"고 한다. 속으로 이 고모는 그렇게 착하지도 예쁘지도 않단다. 하고 빙그레 웃었다. 마침 엄마보고 요즘 머리핀 사달라고 졸랐다고 한다. 식구들은 조카딸이 하는 행동을 보고 여우라고 한바탕 큰소리로 웃었다. 조카들이 공부도 잘하고, 학교와 유치원에서 인기가 많다고 한다. 똑똑하고 모범적으로 생활하고 있어서 정말 다행이다. 올케는 언니같이 열심히 사는 사람이 없다고, 때로는 올케들에게 존경한다고 대단하다고 말한다. 그렇게 봐주어서 정말 고맙다. 사실 난 부족한 것이 많다. 동생은 기분이 우울하거나 답답할 때 가끔씩 우리집에 와서 바람도 쐬고, 모든 시름 묻고 가라고 한다. 그런 마음씀씀이가 정말 고맙지만, 하루하루 너무 바쁘다 보니, 그런 생각할 여유도 없다.

차를 타고 점심을 먹으러 가면서 이런저런 이야기 하다가 만약에 돈이 모자라면 내 돈 합쳐서 같이 땅을 사자고 했다. 그랬더니 올케가 말만 들어도 힘이 솟는단다. 사실 그 돈을 은행에 넣어두면 이자가 작아서 아무 도움도 되지 않는다. 땅을 사 놓는 것이 더 현명한 일인지도 모른다. 그것도 운과 돈과 모든 것이 잘 맞아야 내 땅이 되는 것이겠지만…, 어머니는 하늘만 쳐다보고 계시고 아버지는 한숨만 쉬면서 자식들에게 아무것도 못 해주어서 미안하다고 하신다. 그러는 부모님 보는 것이 너무나 마음이 아프다. 어머니와 아버지가 우리를 이렇게 건강하고 올바르게 키워주신 것만으로도 고마운 일인데, 부모 마음은 그렇지 않으신가 보다. 내가 돈이 많으면 좀 도와줄 수도 있을 것 같은데, 나도 별도 도움이 못 되고 있어서 미안하다. 이번에 돈이라는 것이 얼마나 중요한 역할을 하는지 또 새삼 깨달았다. 앞으로 한

푼이라도 더 아껴 써야겠다.

모처럼 분위기 있는 식당에 갔다. 마당이 있는 정원에 앉아서 나무들을 보면서 불고기와 찜닭을 먹으며 이런저런 이야기꽃도 피웠다. 식당이 너무 예뻐서 조카딸 손 잡고 이곳저곳 구경도 했다. 동생 덕분에 호강한다. 집에 가기 위해 차를 타는데, 올케가 먹으라고 도넛과 떡볶이 재료와 쿠키를 차에 실어 주었다. 올케의 사랑이 가득 담은 것들이었다.

어쩌면 모두 사람들이 그 나름대로 힘들게 살아가는지도 모르겠다. 동생에게도 처음 시작하는 일들이 두렵고 힘들겠지? 사람들이 모두 힘들어도 참고 인내하고 견디면서 살아가겠지. 아마 이 세상에 편안하게 살아가는 사람보다 힘들고 가난하게 살아가는 사람들이 많을 것이다. 그래서 그들 나름대로 서로가 힘을 주고, 용기를 얻고 살아가는지 모르겠다.

동생네 버섯 사업이 잘되길 바라며 서울에 향하는데 자꾸 걱정된다. 그래도 나를 사랑하는 가족들이 있어 행복하다.

2016. 5. 15.

길 바꾸기

우리들의 삶에 있어서 여러 가지 길이 있다. 가다가 이것이 나의 인생에 있어서 옳은 길이 아니라고 생각할 때, 다른 길을 찾아서 가는 것도 지혜라고 생각한다. 막냇동생네 네 식구가 충주로 귀농한 지도 벌써 3년이 다 되었다. 이것저것 알아보더니, 갑자기 집까지 팔아서 충주로 내려가 버섯 농사를 짓는다고 떠났다. 다섯 사람이 모여서 땅을 빌려서 하게 되었는데, 시설비가 너무 많이 들어가고 판로도 마땅치 않았다.

결국, 몇 달 하다가 동생이 먼저 등을 돌리고 나왔다. TV에서 귀농하면 누구나 성공한다고 하는데 그것은 아니라고 한다. 요즘은 몸만 가지고 농사를 지을 수 없다. 어느 정도 경험과 지식이 있어야 하고 농사를 지을 자본도 꽤 있어야 한다고 동생 내외는 이번에 많은 것을 배우고 좋은 경험들을 했단다. 말은 웃으면서 하지만, 그 속상한 마음은 아무도 모를 것이다. 동생과 올케 말로는 땅이 있는 사람이 그렇게 부러울 수 없더란다. 우선 10년이라도 두 눈 꼭 감고 열심히 직장생활을 하여 우선 돈을 모을 생각이라고 한다.

우선 올케가 건축재료 창틀 만드는 회사를 알게 되었다. 그런데 나이가 많다고 거절하기 때문에 무조건 이력서를 들고 가 면접을 봤는데, 캐드(건축설계를 하는 컴퓨터 프로그램)를 할 수 있고 건축기사 자격증과 건축설계 사무실에 다닌 경력을 보고 합격하였다. 그런 올케의 배짱이 부럽다. 나는 회사에 지원했다가 안 된다고 거절하면 그냥 고개를 숙였다. 그런 점에서 올케에게서 더 적극적인 자세를 배워야겠다. 아이들이 있어서 9시까지 출근하고 오후 4시에 퇴근하도록 허락을 받았다. 또한, 회사 자가용으로 출퇴근시켜 주고, 금요일은 출퇴근 택시비도 준다. 다른 여직원들은 6시에 퇴근하고 토요일도 일하는데, 자기만 5일 근무하고 일찍 퇴근한다. 한편으로는 다른 직원들에게 미안하다고 한다. 1년이 되지 않았는데, 월급 30만 원이나 더 올려주었다. 일을 잘하고 성실하므로 그런 결과가 온 것 같다. 그런 대우까지 받는 것을 보니, 올케 실력이 대단한가 보다. 요즘 실력 있는 사람들을 구하기가 힘들다고 한다.

올케가 출근하고 얼마 되지 않아서 동생도 함께 건축설계 사무실에서 일하던 동료가 인천에서 일한다고 불러들여 동생도 좋은 조건으로 취직하게 되었다. 동생은 집이 멀어서 주말에만 충주로 출퇴근하게 되어서 결국 주말 부부가 되었다. 동생네 부부가 성실하고 믿음이 가고 일도 똑 부러지게 일하기 때문에 다른 길을 찾아갈 수 있었던 같다. 어디 가도 평소에 잘한 것이 그 위기에서도 벗어날 수 있었다. 하던 일을 그만두고 다른 길을 찾아가는 것은 결코 쉬운 일이 아니다. 동생 내외의 판단력과 결단력이 대단하다. 우리 식구들도 잘했다고 박수를 보냈다. 부모님도 이제야 마음이 놓인다고 하신다. 인생길을 가다가 다른 길을 바꾸지 못하여 망하는 경우도 꽤 많다.

동생은 우선 480평 정도 땅을 샀다. 평일에는 두 내외가 직장을 다니고, 주말에는 콩, 감자, 고구마, 토마토, 복숭아, 채소 등을 심어서 주말 농사를 짓고 있다. 올케는 농사짓는 것이 그렇게 재미있을 수 없다고 한다. 그 덕분에 반찬은 사 먹지 않아서 좋다고 한다. 고랑을 만드는데 6학년짜리가 삽질을 잘하여 아빠를 도와주는데, 크게 한몫을 한다고 칭찬까지 한다. 아무튼, 조카 녀석이 대견하고 예쁘다. 그런데 7살짜리 딸이 엄마 정이 그리워 주말에 엄마를 떨어지지 않으려고 한다. 그리고 1살짜리 아기로 돌아가고 싶다고 하니, 한편으로는 안쓰럽다. 엄마하고 늘 있다가 떨어져 지내니, 왜 그렇지 않겠는가? 지금 엄마의 정이 한참 필요한 나이다. 우선 그곳에는 공군기지가 있어서 교육수준이 높다고 한다. 학교에서 방과 후에 말을 타는 것을 배우게 하고, 플루트를 가르쳐 주고, 서울에서 못하는 여러 가지 것들을 아이들에게 가르쳐주어서 아이들의 교육에 좋다고 올케는 다른 곳으로 가기 싫다고 한다. 밤낮으로 직장에 얽매이고 살고 싶지 않단다. 이제는 농사꾼들이 다 되었다. 평일에는 남동생은 일하고 올케는 아이들 돌보면서 가정일과 직장을 다니고, 휴일은 식구들이 모여서 농사를 짓는 것이 쉬운 일은 아니다. 몸들이 힘들고 피곤하여 병이 나지 않을까 걱정도 된다. 그러나 가족이라는 울타리가 있기에 그것들을 잘 극복할 것이다.

정말 가다가 길이 아니면 돌아서 다른 길로 찾아가는 막내 남동생 식구들에게 아무튼 큰 박수를 보내고 싶다. 돈을 모으면 땅에 집 짓고, 과일나무들을 심고 토종닭들도 키우면서 살고 싶어한다. 그 꿈들이 꼭 이루어지길 기대한다. 나도 언제가 위기 상황이 올지 모르는 일이다. 그때 동생 내외를 기억해 두었다가 잘 극복해야 하겠다. 동생 식구들을 보면서 많은 것들을 나도 배운다.

2017. 5. 22.

책갈피

손아래 올케는 시집와서부터 십자수나 퀼트, 코바늘 뜨개질도 잘한다. 손재주가 좋다. 말과 행동도 조용히 하고 천생(天生) 여자다. 어느 날, 올케 집에 갔다. 크고 작은 예쁜 인형들이 많이 있었다. 작은 눈사람이 아주 예뻤다. 내가 할 수 없는 것들이다. 그저 부럽기만 하다. 일어서 나오는데 올케가 손뜨개질한 주황색 하트모양의 책갈피를 주었다. 덩달아 둘째 조카 녀석은 청색 하트모양을 들고 나와서 더 주는 것이었다. 집에 와 보니 청색 하트가 없었다. 잠바 주머니에 넣는다는 것이, 거실 바닥에 떨어뜨리고 온 것 같다. 조카 녀석이 마음이 상하지 않을까? 걱정이다. 주황색 책갈피가 예뻐서 그것으로만 책갈피를 사용하였다. 이런 선물을 받다니 행복하다.

얼마 후 주말에 동생네 식구들이 왔다. 조그만 투명한 비닐에 작은 눈사람 인형 두 개와 노란색 위에 하늘색 방울이 달린 연갈색 털모자 모양의 브로치와 거실에 떨어진 청색 하트 책갈피를 담아서 왔다. 그저 예쁘다고 한 말에 눈사람 인형과 덩달아 브로치까지 떠 가지고 온 것이다. 마음씀씀이가 무척이나 예쁘고 고맙다. 이것들을 뜨개질하느라고 얼마나 힘들었을까? 내가 올케에게 해준 것이 하나도 없는 데 정말 고맙기만 하다.

어느 날 막냇동생네가 집에 와서 큰 조카 녀석에게 청색 하트 모양의 책갈피를 주었더니, 오빠에게만 주는 것을 보고 조카딸이 시무룩하게 입을 쑥 내밀었다. 그것을 보고 그냥 보냈는데, 마음에 걸렸다. 그것이 무엇이라고 아무것도 아닌데 그냥 줄 것을 말이다. 온 집안 식구가 5월이라고 다 모이게 되었다. 조카딸에게 주황색 하트 책갈피를 마저 주는 것을 본 밑에 올케는 다음에 예쁜 카네이션 모양의 책갈피를 또 떠다 주었다. 하트모양보다 더 예쁘다. 괜히 조카들에게 주어서 큰 올케를 더 힘들게 한 것 같아서 미안하기도 하다. 이 책갈피는 아무에게도 주지 않을 것이다. 특히 조카딸에게 절대로 보여주지 말아야지(?) 조카딸이 예쁘다고 하여 또 주게 될지 모르니까.

이 카네이션을 보면서 장미 모양으로 뜨개질하여 글벗들과 내가 아는 사람들에게 선물하면 좋겠다는 생각이 들었다. 인터넷으로 찾아보니 아주 자세하게 코바늘 크기와 털실 굵기와 장미 모양으로 뜨는 방법이 동영상으로 아주 잘 나와 있었다. 이것만 보면 잘할 수 있을 것 같다. 동대문에 가면 털실과 코바늘도 도매로 싸게 구매할 수 있다. 마음만 먹으면 할 것 같다. 사실 직장에 다니고 글도 써야 하고 내가 공부하고 있는 목표물을 맞혀야 한다. 책도 자꾸 쌓여만 가고 읽지 못하는데, 뭘 하겠다는 것인지?

요즘은 밤에 10시면 곯아떨어진다. 아무리 인터넷으로 강의를 들으려 해도 꾸벅꾸벅 졸고 있다. 할 수 없이 토요일 일요일에 강의를 듣고 글을 쓰고 고친다. 그러나 피곤하거나 아프거나 아니면 볼일이 있어 아무것도 할 수 없는 날도 있다. 요즘은 무조건 일찍 자고 평일 새벽에 일어나 일을 하고 글을 쓰고, 공부하려고 노력하는데, 때로는 일어나지 못하는 경우가 많다. 또한, 글도 한꺼번에 쓰지 못하는 경우가 있어 조금씩 며칠에 걸려서 쓸 때도 있다. 더구나 손이 불편하니, 그 뜨개질 시간도 만만치 않을 것이다. 그냥 그것을 할 시간에 책이나 더 읽자.

감사한 분들에게 사랑한다는 표시로 빨간, 노란, 분홍, 주황, 흰 장미 등을 각색의 책갈피로 떠서 선물하고 싶은데 마음뿐이다. 정말 미치도록 하고 싶은데, 포기해야 하겠지. 이다음에 그런 한가한 시간이 언제 오려는지. 시간이 지나가면 그분들을 볼 수 없을지도 모르는데 말이다. 왜 나는 이렇게 하고 싶은 것도 많고 욕심도 많은지 모르겠다. 어떻게 이 세상에 내가 하고 싶은 것 다 하면서 살 수 있을까?

읽던 책 속의 올케가 떠 준 카네이션 책갈피를 만지작거리면서 이 예쁜 책갈피를 가질 수 있다는 것만으로도 행복해야 하겠지.

『수필문학추천작가회 연간사화집』 27호 2017.

이렇게 예쁘게만 자라주었으면

조카들아, 너희 아버지들도 고등학교시절에 점심에 라면 국물 500원이 아까워서 사 먹지 못하고 신발이 다 떨어져도 사 신지 못하였다. 처음으로 명품 신발을 사고 싶어서 돈을 거의 1년 넘게 모으다가 안 되어서 할아버지(아버지)가 돈을 보태주어서 겨우 사 주셨지. 고등학교 1학년인 큰조카(큰 남동생 아들)는 어릴 때부터 미리 돈을 모아주어야 급할 때 쓸 수 있다고 꽤 많이 돈을 모았다. 또한, 그 밑에 6학년 동생도 엄마가 주는 용돈이 일주에 2,000원쯤인데 그 돈을 거의 안 쓰고 모아서 26만 원이나 모았다고 했다. 다른 집들은 돈을 저축하지 않아서 걱정인데 말이다. 이 고모도 불편한 몸으로 그런대로 돈을 많이 가지고 있지 않지만 알뜰하게 살아가고 있다. 우리집 식구들은 다 알뜰한 것 같다.

조카 너희들이 욕을 하거나 덜렁거리는 친구는 아예 상대하지 않는다고 하니. 기특하기만 하다. 너희 아버지들도 친구들과 싸우고 집에 온 적이 없다. 고모가 자주 놀림을 받으면서 싸우고 돌아와서 할아버지(아버지)와 할머니(어머니)를 무척이나 마음을 아프게 했다. 고모보다 훨씬 효자들이다. 가만히 생각해 보면 그때나 지금이나 도움만 받으면서 죄만 짓고 올바르게 살아가지 못하는 것 같다. 환경이 또한, 자꾸 그렇게 만들었지만 말이다. 너희들에게 배워야 하는데 때로는 참지 못하고 성질을 부려서 큰일이다. 늘 기도하면서도 그런 상황이 되면 또 참지 못한다. 정말 큰 일이다.

너희같이 너희 아버지들도 모범적으로 학교생활과 직장생활, 어디에 가서도 인정을 받았다. 너희들이 숙제나 공부를 밤늦도록 다 하고 자거나 아니면 새벽 5시에 일어나서 숙제를 다 하고 학교에 간다고 하니, 대견하고 기특하기만 하다. 다른 부모들은 자식이 공부를 안 해서 걱정인데, 고모는 제때에 공부도 못했다.

작은 남동생네 딸이 있는데, 유치원 때는 초급반 무용을 배웠다. 자꾸 배우고 싶다고 졸라서 중급반인지 알고 보냈는데, 고급반에 들어가서 3, 6학년 언니들 따라가느라 너무나 열심히 해서 언니들이 긴장하고 있다고 했다. 조카딸은 무엇을 시작하면 포기하는 법이 없다. 어릴 적 3살쯤에 할머니가 캐놓은 마늘을 포기하지 않고 끝까지 상자에 가져다 담아서 식구들을 놀라게 했다. 모두 책임감과 끈기가 있는 것 같다. 이 고모도 한몫한다. 아니 무엇을 하면 끝장을 보고 마는 성격이다. 너는 나를 많이 닮은 것 같다. 어디 고모뿐이니, 할아버지, 할머니, 저희 부모들, 그런 것들을 다 보고 배우면서 자라서 그렇게 살아가는 것이라고 생각한다.

조카 너희들이 아무 탈 없이 이렇게 예쁘게만 자라주었으면 한다.

이 고모는 그렇게 살지 못해 뉘우치지만, 가슴에 큰 상처와 아픔으로 남아 있다. 이 세상에 건강한 몸으로 다시 태어난다면 공부도 잘할 것 같고, 친구들과 함께 마음껏 뛰어놀고 있을 것 같지만 건강하다는 것으로 어쩌면 교만해서 더 나쁜 길로 갈지 모르는 일이기도 하다.

2018. 4. 18.

철이 들었다

큰 남동생에게 두 아들이 있다.

큰아들은 너무 말라서 허리가 구부정하고 둘째 아들은 비만이다. 어른들이 혹시 성인병에 걸리지 않을까? 늘 걱정이었다.

큰아들은 고1이라서 밤 10시 30분 넘어서야 집에 와 꼭 라면을 먹거나 간식을 먹는다. 올케는 큰아들은 잘 먹어야 하고, 작은아들은 먹지 말아야 하는데, 형이 먹으면 꼭 따라서 먹는다며 걱정이다.

작은 조카는 밥은 그렇게 많이 먹는 편은 아니다. 식사할 때 정말 복스럽게 빨리 먹는다. 또한, 움직이기 싫어한다. 초등학교 1, 2학년 때 축구를 했는데, 힘들다고 저 혼자 운동장 잔디밭에 누워 있어서 그것을 보고 다른 엄마들과 같이 한참을 웃었단다.

그런 아이가 철이 들었다. 저녁 7시 30분부터는 아무것도 먹지 않는다. 늘 저녁이면 엄마하고 나가서 걷자고 먼저 이야기한다. 아니면 제 나름대로 집에서 1시간씩 운동을 빠지지 않고 하고 있다. 작은 조카는 숙제나 공부도 꼭 정해놓은 시간에 한다. 관리가 대단하다.

어른들도 그렇게 못하는데 6학년짜리가 그런 결심을 했다는 것이 기특하고 예쁘다. 추석에 보니 배가 많이 들어갔다. 얼굴도 미남이 되어 있었다. 본래가 얼굴이 토실토실하고 귀여운 얼굴이라, 친구들이 자기 얼굴만 자꾸 만져서 짜증이 난다고 하기도 한다. 자기는 왜 이렇게 살이 빠지지 않느냐고 걱정이다.

이 어린아이는 지금 절제와 인내를 배운다. 나도 다이어트를 했는데 병이 나서 중단 중이다. 건강해지면 또 해야겠다. 어른이나 아이 할 것 없이 다이어트는 쉬운 일이 아니다. 살기 위해서 계속 죽을 때까지 운동과 음식조절을 해야 하는 것 같다. 세상에는 굶어 죽어가는 사람들도 꽤 많은데, 우리나라 사람들이 대부분이 너무 많이 먹고 움직이지 않아서 비만이 늘어나고 있어서 걱정이다. 참으로 세상은 불공평하다.

2018. 10. 29.

반했다

잠실역 개찰구에서 나오는데 양쪽 상점에서 와플을 팔고 있었다. 볼일을 보고 오다가 어머니 아버지 생각을 하면서 세 개를 샀다. 부모님도 잡숴보지도 못한 것이다. 직장생활을 하다가 보니, 피자, 핫도그, 호떡, 카페라테, 과일주스 등 안 먹어보는 것이 없다. 직장생활을 한다는 것이 이런 것들이 특혜인지도 모르겠다. 집에만 있으면 이런 것 먹을 생각도 못 했을 것이다. 사람들 만나고 먹고 마시니, 입맛만 고급이 되어가는 것 같아서 걱정이다. 사람은 자기 분수에 맞게 살아가는 것이 잘 사는 것인데 말이다.

일하는데, 원장님이 와플을 사다가 직원들에게 나누어 주셨다. 길거리에서 보기는 했지만 먹어보지 못한 것이다.

아니 먹을 생각도 못 했다. '어쩌면 우리가 살아가는데 먹어보지도 해보지도 못한 일들이 얼마나 많을까?' 생각해 본다. 어쩌면 일을 하고 다양하게 경험하는 것은 나에게 행운인지도 모르는 일이다. 또 바쁘게 살다가 보니, 무엇을 먹고 싶다는 생각도 못 하고 살고 있다. 일해서 출출했는지 그렇게 맛이 있을 수가 없었다. 이미혜 선생님을 만날 때도 점심으로 와플 먹고 싶다고 하니, 카페라테와 함께 사주셔서 맛있게 먹었다. 이미혜 선생님께서는 직장생활하면서 별 것 다 먹어본다고 했더니, 생활하면서 그런 기회도 있어야 한다고 말씀하신다.

맛있게 먹어본 것을 집으로 사 들고 가, 어머니 아버지께 드렸더니, 어머니는 호떡보다 맛있다고 하신다. 가끔 시내에 나가면 사다 드려야 하겠다. 내가 아니면 어떻게 이런 것 먹어보실까? 꽤 알뜰하게만 자식들을 위해 희생하면서 사신 우리 어머니 아버지.

2020. 2. 7.

그 남자는 어디로 갔을까?

배가 너무 고파서 훔쳐먹는 사람이 되었단다. 그를 딱 한 번 엘리베이터에서 잠깐 스쳐간 기억이 있다. 그에 대하여 아무것도 모른다. 단지 소문으로 듣고만 있었다.

집 안에서 일하고 있는데, 어느 날 갑자기 밖이 소란스럽다. 관리비 칠백만 원을 내지 못하여 쫓기는 신세가 되었단다.

어쩌다가 내장기관이 다 망가졌을까? 술을 많이 먹어서 망가졌다고 한다. 자기 몸을 돌보지 못한 가엾은 사람이다. 몸이 망가져 일할 수 없으니, 얼마나 배가 고프기에 가게나 택배가 온 남의 물건들을 훔쳐먹을까? 1005호는 아픈 홀몸으로 결국에 쫓겨나고 말았다. 이 추운 겨울에 말이다. 남의 일 같지 않다.

그에게 돌봐 줄 친척이 없을까? 잘 못 살아와서 주위 사람에게 미움을 받았을까? 40이 넘도록 벌어 놓은 것도 없었을까? 오피스텔 월세를 살다가 한순간에 쫓겨났다. 아픈 몸으로 어디로 갔을까? 이 세상은 냉정한 사회다. 요즘 코로나 19로 다들 어려운 시대에 그런 삶이 있다는 것이 더욱더욱 안타깝다.

부자는 아니지만, 따스하게 머무를 집이 있다. 불편한 몸이지만, 일할 수 있는 건강한 몸이 있다. 월급을 받아서 생활할 수 있다는 그 자체가 행복이고 감사한 일이다. 많은 월급이 아니어서 한 푼이라도 아끼기 위하여 허리띠를 졸라매고 있다. 없으니, 돈을 더 쓰고 싶고 더 먹고 싶다. 사람 심리가 참으로 이상하다. 그런 것들을 절제한다. 알뜰히 성실하게 열심히 살다가 보면 더 좋은 날들이 올 것이라는 희망을 품고 살아간다. 난 남을 도와줄 능력이 없지만, 남에게 피해를 주는 사람이 되고 싶지 않다. 잘못 살다가 보면 불행이 올 수 있다고 나를 채찍질한다.

어쩌다가 그런 인생이 되었는지 모르지만, 이 추운 겨울날 안식처라도 있었으면 좋겠다. 그 남자가 어디로 갔을지 자꾸만 마음이 쓰인다. 하늘까지 흐린 날씨가 곧 눈비라도 올 것 같은 우울한 기분이다.

2022. 4. 5.

3

간절한 꿈

성윤아, 난 말만 살았어

장애인 콜택시 타고 떠나는 언니의 모습을 보면서 괜히 눈물이 나올 것 같다. 만나자고 만나자고 하면서도 내가 늘 바쁘다 보니, 이제야 S 언니를 만났다. 그 언니야말로 대단하고 존경스러운 언니이다. 불편한 손과 목발로 생활하였던 언니. 결혼하여 현명하게 한 남자의 아내로, 두 아들의 엄마로, 집안 살림을 다 하면서 살았다. 또한, 시집, 친정 경조사들을 다 챙기면서 자동차 영업사원으로 20년 넘게 살아왔다. 여자들이 할 일들은 왜 이렇게 많은지 모르겠다. 그것은 결코 쉬운 일이 아니었을 것이다. 불편한 몸이기 때문에 느린 몸으로 남들보다 먼저 일어나 준비를 해야 했을 것이다. 나 또한 그렇게 살아왔다. 또한, 아이들 키우면서 몸이 불편해서 엄마로서 해주지 못하는 것들로 꽤 마음이 아팠을 것이다. 두 형제를 참 잘 키웠다.

자기는 세상 사람들과 어울리면서 생활을 하고 싶었다고 한다. 자동차라는 영업에 뛰어들어서 비장애인들과 생활을 한다는 것은 결코 쉬운 일이 아닐 것이다. 장애인이라고 또 얼마나 눈치를 보고, 기가 죽고, 차별과 멸시를 받아야 했을 것이다. 그 서러움 당해보지 않은 사람은 정말 모르는 일이다. 그 속에서 20년 넘게 버티면서 살았다는 것에 박수를 보낸다. 언니가 직장생활하면서 후회한 것이 있다면서 말했다. 그들이 나를 위해 먼저 배려를 하고 그들이 눈치를 봐야 하는데, 반대로 산 것이 후회라고 했다. 그러나 그들이 그렇게 해주기까지 아직 우리 사회가 멀었다. 나도 그렇게 살아왔다. 그나마 내쫓기지 않는 것이 다행이야. 언니 정말 잘 살아왔어. 그나마 언니는 언어장애가 없어서 영업사원을 할 수 있었지. 20년이란 세월을 직장 생활한다는 것은 비장애인도 힘든 일이야. 물론 언니도 노력을 많이 했기에 여기까지 왔겠지만, 그것은 언니에게 큰 행운이라고 생각해. 나도 꾸준하게 다닐 수 있는 직업이 있었으면 좋겠다. 이 불안한 마음을….

"성윤아 난 말만 살았어." 하는 말에 마음이 아파져 온다. 이제는 전동휠체어에 겨우 의지하면서 살아가는 언니. 움직이지 못하니 근력은 자연이 다 빠지고 몸은 점점 굳어서 남편 도움 없이는 거의 움직일 수 없다고 한다.

그 말을 들으니, 남의 일 같지 않다. 그럴수록 스트레칭을 해주고 물리치료 받아야 하는데, 직장보다 지금은 몸 상태가 중요한 일이다. 움직일 수 없고 바쁘다는 이유로 몸 관리를 하지 않았으니, 당연한 일이다. 시간도 없고 물리치료 받는 비용도 만만치 않다. 그래도 살기 위해서 해야 하는데 큰일이다. 그런 것들을 계속한다는 것은 결코 쉬운 일이 아니다. 또한, 정신력과 의지가 무엇보다도 중요하다. 난 너무나 열심히 살다가 보니, 몸이 밑바닥으로 망가져서 치료를 받고 있는데, 쉬운 일이 아니다. 몸이 아프니까? 우울증도 오고, 허리와 골반이 아파서 매일 스트레칭을 해야 하고 혈액순환이 안 되어서 반신욕까지 해주어야 하는데, 직장에 갔다 와서 저녁을 먹고 그런 것들을 하니, 밤 11시가 넘어가 일쑤다. 그래도 살겠다고 이런 것들을 하니, 때로는 웃음과 한숨이 나오고 언제 회복이 될지 모르고 있다.

열심히 산 것에 결과가 이것인지. 세월이 나이를 속이지 못하는 것인지. 언제나 젊고 건강할 수 있다고 생각했어. 한의사는 그렇게 몸이 망가지도록 그냥 있었냐고 안타까워하고 있어. 빨리 회복하기 힘들다고 혀를 쯧쯧~ 차면서 한숨을 쉬더라고.

언니는 열심히 살아서 그나마 33평짜리 집이 있고, 원룸도 두 채나 있어서 그것들을 월세 받으니, 직장을 하루빨리 직장 그만두고 몸 관리하는 것이 우선이야, 그리고 언니 말처럼 남편하고 여행이나 다녀. 손과 발이 되어주는 착한 남편이 그나마 있어서 다행이야.

난 남편도 없잖아. 난 가지고 있는 것이라고 몸과 정신력밖에 아무것도 없어. 이제는 정신력마저 더 이상 못 버티겠다고 나를 마구 유혹하고 있어. 성윤아 힘들지, 그만 쉬어, 그만 자, 다음에 책 읽고, 지금 몸이 중요해, 다음에 좋아지면 그때 한문 공부하라고 말이다. 열심히 산다는 것이 최고라고 생각했어. 미련하게 말이야. 후회하지만 이 상황을 받아들이는 것밖에 없는 것 같다. 언니도 나중에 후회하게 돼. 때로는 그냥 눈을 감고 싶을 때도 있어.

언제 또 만날지 모르는 언니가 떠나는 뒷모습에 발길이 돌아서 지지 않는다.

여울문학회『외숙모의 누름돌』20호 2019.

열정이 아름답다

지인이 나에게 나처럼 열심히 살아가는 사람이 없다고 한다. 네가 내 스승이라고 말까지 한다. 그러나 그렇지 않다. 세상에는 열심히 살아가는 사람들이 정말 많다. 세상에 겉모습만 보고 판단하기 때문이다. 이 세상은 자기가 맡은 일들을 묵묵히 책임을 다하면서 살아가는 사람들이 내 주위에서는 세 명이나 있다. 그것도 불편하고 아픈 몸으로 말이다. 그런 사람들이 있다는 것에 힘이 되고 용기가 생긴다. 그런 분들이 있다는 것이 나에게 어쩌면 큰 복이다.

나와 장애가 비슷한 H 언니가 있다. 늘 어머니와 사이가 좋지 않았다. 장애인으로 때로는 가족도 이해 못 하여 서로가 상처를 많이 받기도 한다. 그 가운데에서 언니는 결혼이라는 것으로 집에서 탈출했다. 그 당시에 언니는 현명한 방법이었는지도 모른다.

목발을 짚고 다니는, 아주 중증인 장애인 남자를 선택하였다. 불편한 몸으로 남자를 일일이 다 도와주어야 했다. 그것은 결코 쉬운 일이 아니다. 그나마 남자는 똑똑하여 말이 통하고 또한 공무원이었다. 그래서 두 식구가 살기에는 부족한 점이 거의 없이 경제력 능력이 있었다. 살아가면서 예쁜 딸 하나 낳아 잘 키웠다. 딸이 지금 사회복지사 1급 자격증도 가지고 있다고 한다.

딸을 거의 다 키우다 보니, 언니도 여유가 생긴 것인가? 집안 살림을 하면서 공부하여 사회복지사 2급을 취득하였다. 또한, 시각장애인을 위한 자격증도 취득하였다. 그때는 돈이 없고 남편에게 미안해, 대학을 갈 생각도 못 하고 그냥 자격증 취득하면 취업하기 쉬운 일인지 알았다고 한다. 복지관에서는 우선 정식으로 대학을 나온 사람만 뽑는단다. 또한, 장애가 있으니, 그곳에서 건강한 사람을 뽑는 것이 당연한 현실이다.

그래서 다시 사회복지사 1급을 취득하기 위하여 50이 넘어서 대학을 다니고 있다고 한다. 대학생활이 재미있고 활력이 솟는다고 한다. 그 열정은 어디에서 나오는 것인지 모르겠다. 자가용을 끌고 대학을 다니는 모습이 상상만 해도 아름답다. 자격증과 학벌이라는 것으로 장애인에게 또 하나의 큰 벽으로 다가온다. 자본주의는 돈이 없으면 배울 수 없는 사회다. 그 속에 낙오자가 또 생긴다. 건강한 사람들만 살아남은 사회다. 그 속에서 견디어 내는 언니가 정말 대단하다.

나도 사회복지사 자격증 2급을 준비하다가 두 달도 못 되어서 병이 나서 포기하고 말았다. 그리고 보면 각자 살아가야 할 길이 따로 있는 것 같다.

언니의 열정이 아름답다. 열심히 살아가는 사람들을 보면 저절로 고개가 숙어진다.

『수필문학』 2020. 11월호

어쩔 수 없어

요즘 6개월이 다 되어 가는데, 코와 목과 입안에 염증이 생겨서 낫지 않고 있다. 머리는 왜 이렇게 아프지? 약 기운에 취하여 낮잠을 자고 있는데, H 언니에게 핸드폰이 왔다.

H 언니는 요즘 다리에 힘이 빠져서 걸음을 잘 못 걸어 다닌다고 한다. 얼마 전에 넘어져서 어깨에 금이 가서 병원에 다닌다고 한다. 언니는 더구나 집에서만 지내서 근육이 더욱더 빠진 것 같다. 그럴수록 돌아다니고 운동을 해야 하는데 말이다.

"어쩔 수 없어. 빨리 재활병원에 가서 재활치료와 약을 먹어야 해! 병원비가 문제가 아니야. 그러다가 더 나빠져! 나도 골반과 허리와 다리가 당기고 아프고 걸음을 걸을 수 없어. 또한, 등살이 담 걸린 것같이 아파서 움직이지 못해. 통증이 너무나 심해서 재활치료와 소염진통제를 먹고 살아. 걸음도 오랫동안 걸을 수 없어서 네발자전거를 타고 다니고 있어."

우린 한참을 통화하면서 서로가 잘났다고 아픈 곳들을 자랑했다. 언니는 젊을 때는 철없이 지내다가, 이제야 뭐가 해보고 싶은데, "몸이 따라주지 않네. 에이 씨…." "나도 에이 씨다." 우리는 어린아이와 같이 에이 씨 한다. 현실이 기가 막혀서 우리는 한참을 큰소리로 웃었다. 이럴 때, 함께 만나서 차라도 마시면서 서로 도움이 되는 이야기를 나누고 싶다. 그놈의 코로나19가 우리를 더욱더 외롭고 힘들게 한다.

젊었을 때 어떻게 컴퓨터를 배우고 글을 읽고 글을 썼는지 모르겠다. 지금은 아무리 정신력이 강하다고 해도 못 버티고 있다. 물리치료 1시간 30분 받고, 재활치료를 받고 재활치료에서 가르쳐 준 것들을 운동하고 힘들고 지쳐서 또는 약에 취하여 낮잠만 잤다. 잠만 안 자도 또는 운동만 안 해도 책들을 꽤 읽을 것 같은데 말이다. 몸이 좀 더 좋아지기 기대하면서 우선 몸 관리에 집중해야겠다. 염증만 다 나아지면 또 열심히 할 것 같다.

언니나 나나 어쩔 수 없이 뇌성마비로 노화가 빨리 오는걸. 누가 막을 수 있는가? 그냥 웃으면서 불편함과 통증을 친구같이 데리고 살 수밖에 없다. 이것이 운명이라면 말이다. '기회는 아

무 때나 오는 것이 아닌 것 같다. 기회도 때가 있기에 젊었을 때 해야 하는 것 같다.'

『수필문학』 2022. 4월호

간절한 꿈

며칠째 꿈꾸는 것 같지. 믿어지지 않지. 얼마나 간절히 바라던 일이었나. 이젠 더 바랄 것이 없지. 하늘을 날아다닐 것 같은 기분이지. 이 정도면 걱정 없이 생활할 수 있지.

불편한 손으로 학교 진도를 따라가지 못하여 고등학교에 떨어졌지. 다른 사람들과 같이 학교와 직장에 다니고 싶었지. 매일 밤 울다가 잠이 들었지.

장애인복지관에 가서 수공예를 배웠지만, 손이 불편해 기술이라는 것은 나에게 직업으로 죽도 끓여 먹지 못하는 것이었지. 수공예 선생님이 재봉틀 시다 하는 곳에 취업을 시켜주었는데, 며칠 있다가 나오지 말라고 했지. 시계 조립하는 공장에 갔는데, 사람들이 나하고 같이 일하기 싫다고 또한, 내가 일하는 수준은 다른 사람들 반도 못 하고 옆에 사람들이 내 일까지 해주어야 했지. 그것을 좋아할 사람이 누가 있는가? 그들은 나와 함께 있는 것조차 싫다고 했지. 그 후 공부를 하겠다고 마음을 먹었지. 낮에는 일하고 밤에는 야학에 다녔지. 결국에 사람들에게서 쫓겨났지. 이런 현실이 싫어서 며칠간 밥도 안 먹고 누워서 울기만 했지. 또 양말 공장에 들어갔는데, 거기서 일하다가 쓰러져 그만두었지. 그러면서도 야학과 학원에 다니고 컴퓨터를 배우면서 틈틈이 부업도 해보았지만, 내 느린 손으로 돈벌이가 되지 않았지. 몇 년을 공부하여 대검 검정고시에 합격했지만, 대학에 갈 수 없었지. 대학을 나와도 앞날이 보이지 않을 것 같아서. 또한, 필기를 따라가지 못하니, 그래서 결국에 포기했지.

직장을 다니면서 이것 내가 할 일이 아니라고 생각했지. 컴퓨터를 조금 배우고부터 글을 쓰고 싶었지. 장애인 보호 작업장에 들어갔지. 그곳에서 5년 가까이 다니면서 한 달에 10만 원 정도밖에 벌지 못했지. 또한, 그 장애인들하고 같이 지낸다는 것이, 삶에 있어서 내가 세상을 좁게 살 수밖에 없는 곳이었지. 일은 단순 작업을 하였지. 점심시간을 이용하여 남이 일한 것을 훔쳐가는 사람도 있었지. 그런저런 이유로 그곳에 있기 싫었지. 그냥 뛰쳐나와서 수없이 그날도 울었지.

그 후 장애인복지관에서 공짜로 컴퓨터 가르쳐 준다면 무조건 가 배웠지. 밤낮을 가리지 않고 공부를 했지. 그 후 서너 개의 자격증을 취득했지. 그리고 자신감과 용기가 생겼지. 컴퓨터로 재택근무와 직장을 다녀봤지만 6개월, 1년 비정규직이거나 정규직이라도 단물만 빨아먹고 필요가 없으면 내일부터 나오지 말라고 했지. 일하는 날보다 실업자로 보내는 날이 많았지. 1년이 지나면 또 서류심사와 면접과 컴퓨터 워드 시험을 봐야 하는데, 그것도 매년 본다는 것이 불안하고 육체적으로 지쳐갔지.

작년에 그 계약직도 또 도전했지만, 그만 떨어지고 말았지. 사실을 알고 보니, 장애인 일자리 2년 이상한 사람들은 다 떨어뜨리고 새로운 장애인에게 일자리를 주었다는 것이었지. 자기들은 평생을 직업 있기를 바라면서 장애인들 가지고 장난치는 것인지. 앞이 캄캄해 왔지.

작년 11월 성당에서는 위령성월이라서 11월부터 12월 시험 발표까지 매일 연옥에 있는 죽은 영혼들을 위해 새벽미사를 참례했지. 죽은 영혼은 자기 자신을 위하여 기도할 수 없지. 살아 있는 사람들이 미사참례와 기도를 해주어야만 그 죗값을 치르고 천당에 갈 수 있지. 그 영혼들을 위해 미사참례와 기도를 해준 사람에게 필요한 소원을 들어준다고 하지. 얼마 후 지인들을 통하여 취업하게 되었지. 꿈만 같았지. 늘 불안과 근심에 떨어야 했던, 내가 비정규직 아닌, 취업이라는 그것도 재택근무라는 난 정말 복 받았지. 꿈에도 생각 못 했지. 이 정도 월급이면 저축하고 용돈도 사용할 수 있어 정말 좋지.

다른 사람들은 취업 못 해서 걱정인데, 또한, 내 나이면 직장에서 물러나야 할 때인데, 연옥에 있는 죽은 영혼들이 도와주셨나. 아니면 지인들이 열심히 살아가는 모습이 기특하고 대견해서 도와주셨나? 근심 걱정거리가 사라져 한시름 놓았지. 그렇게 불안하고 기만 죽어서 살아야 했던 내가 늦게 아주 큰 복을 받았지.

늘 불안과 걱정으로 힘들게 살아야 했던 내가 이런 행운을 얻었지. 그래서 앞날을 아무도 모르는 일인 것 같지. 또한, 포기하고 컴퓨터를 배우지 않았다면 그 취업이라는 꿈마저 오지 않을지도 모르지. 아무튼, 사람은 끝까지 살아봐야 하는 것 같아. 나에게 간절한 꿈이 이루어졌지. 얼씨구, 좋기도 좋지.

2020. 6. 22.

숙제

성수동성당 안에 사랑 배움터라는 야학이 내 나이 20대 초반에 생겼다. 그때 공부를 하고 싶다는 생각에 문을 두드렸다. 그곳에서 이미혜 선생님을 만났다. 그때 국어 선생님이었다. 지금은 모 고등학교 국어 고3 담임을 하고 계신다. 그것이 인연이 되어 연락하고 지낸다.

현실이 답답하고 힘들 때, 시를 쓰고 싶었다. 가끔씩 선생님께 시를 보여 드렸다. 글이 진솔하고 사람을 끌어당기는 힘이 있다고 하셨다. 시를 쓰다가 수필에 등단하면서 시를 쓰지 못하고 있었다. 작년 3월에 선생님이 시 출간기념을 하셨다. 선생님 시집을 읽고 나도 또 시를 쓰고 싶다는 생각을 했다.

선생님은 아직 늦지 않았다고 “성윤아 너는 벌써 수필

이라는 책을 한 권 내지 않았니? 선생님은 겨우 50대 중반에 시집을 냈어. 배우러 오고 가고도 힘들고, 경제적 능력도 없으니 독학을 해, 성윤이는 할 수 있어. 선생님은 집안일 하면서 아이들 키우고, 학교에서 아이들 가르치면서 틈틈이 독학했어. 그 시간이 시집 한 권 내는 데 30년이 걸렸다."

시를 읽을 시간이 없으면 하루에 한 편이라도 외울 정도로 읽고, 일주에 시 한 편씩이라도 쓰라고 했다. 결국에 일주에 한 편씩 써서 카톡으로 보내면 평을 해주신다. 그리고 백석, 이용악, 윤동주, 함민복이라는 시부터 읽으라고 숙제를 내주셨다. 그런데, 도서관에 가니, 책이 백석밖에 없었다. 그리고 날짜 맞추어 제때에 가져다주어야 하므로 천천히 읽을 수가 없다. 그래서 우선 이용악 시선집을 인터넷으로 사서 워드로 입력하면서 한자를 찾아서 입력하고 모르는 낱말들을 찾아서 입력하니, 공부는 잘되지만, 시간이 너무 걸린다. 매일 그렇게 해야 하는데, 1주일에 한 편도 그렇게 하기 쉽지가 않다. 아파서, 피곤해서, 다른 일들이 생겨서 많은 유혹이 나를 괴롭히고 있다.

선생님 정성과 사랑이 나에게 힘과 용기가 된다. 그렇게 고마운 분에게 내가 열심히 해서 시인이 되는 것이 보답이다. 그러기 위해서는 자투리 시간을 잘 활용해야 한다. 끈기와 인내로 이 모든 것을 꾸준히 극복해야 한다. 난 참으로 인덕이 많다. 도와주는 사람이 그나마 있어서 내가 살아갈 수 있는 이유가 된다.

선생님의 사랑 숙제가 없다면 나 혼자는 아무것도 못 하고 그저 멈춰 있을지도 모른다.

2019. 5. 14.

예감(豫感)

10월 22일 결국 시험이다.

시험지를 받아보니, 내가 수없이 연습한 것들이 나왔다. 우선 자로 문제지에 가이드라인을 그렸다. 벌써 시험시간이 자꾸 지나갔다. 우선 제일 어려운 3번 문제를 풀기 시작했다. 벌써 44분이 넘어간다. 긴장감으로 더욱더 몸이 굳어진다. 그래 떨지 말고 정신을 차리고 편안한 마음 갖도록 노력하자. 다음에 2번 문제는 어려운 펜툴로 그려야 한다. 하지만 이것을 자세히 그리다가 시간을 다 뺏길 수 없다. 우선 대충 모양만 그려놓는다. 다음에 마지막 1번 문제는 보기보다 그리기 쉬워서 얼른 그리고 다시 2번 문제로 돌아와 남은 시간 동안 고친다. 이제 5분이 남았다. 3파일을 저장해서 전송하였다. 집에서 시간 내에 하지 못

한 것을 다 하다니, 그것은 기적이었다. 이것을 내가 이렇게 할 수 있다니, 상상할 수 없는 일이었다. 노력하면 불가능이 없다는 것을 또 한 번 느꼈다. 장애인에게 30분을 더 주어서 1시간 30분 안에 다 끝냈다.

같이 공부한, 앞에 있는 친구는 벌써 다 마치고 앉아서 나갈 준비를 하고 있었다. 우리 둘은 시간 내에 다 풀어서 붙을 것 같은 예감과 시험이 끝났다는 해방감에 마음이 즐겁기만 하다. 이렇게 편안하고 다 내 세상인 것 같은 이 기분. 지하철을 타고 오면서 이런저런 이야기를 하다가 L 친구가 '언니 배고프다.'고 한다.

우리 카페에 가자고 내가 제안했다. 사실 어디 혼자 다니면서 점심때가 되면 돈이 아까워 굶거나 아니면 김밥 1,500원짜리로 때우는 나였지만, 오늘 그동안 수고했다고 나 자신에게 선물을 해주고 싶었다. L 친구도 아마 혼자서는 이런 곳에 오지 못할 것이다. 우리는 카페에 들어가 블루베리 주스와 조각 케이크 하나씩 시켜 놓고 분위기 있는 카페에 앉아 조용히 음악을 들으면서 달콤한 케이크를 먹는다. 인생도 이렇게 달콤했으면 얼마나 좋을까?

L 친구는 어떻게 살아야 할지 모르겠다고, 어떻게 돈을 모을 수 있을까? 자기도 작가가 되고 싶다고 한다. 배우고 싶은 것도

많단다. 내 자신이 살아온 이야기를 해 주지만, 사실 이 사회에서 장애인으로 살아가기는 정말 어려운 일이다. L 친구의 고민들을 들으면서 지난날의 나를 보는 것 같아서, 그 친구가 안타깝고 너무 마음이 아프다. 난 그동안 얼마나 참고 인내하고 노력하면서 알뜰히 살아왔는가? 그것은 결코 쉬운 일이 아니었다. 그렇지만 아직도 경제적 능력이 없어서 나도 어떻게 살아갈지 걱정이다. 취업하기 위해 계속 도전하고 컴퓨터 자격증을 몇 개씩 따보지만, 앞날이 보이지 않는다. 이제는 50이 다 되어가는 마당에, 나이라는 것에 또 걸린다.

이런저런 이야기를 같이 나누다 보니, 내 말이 많은 도움이 된다고 고맙다고 한다. 우리 컴퓨터 자격증시험이 끝나도 가끔씩 만나자고 서로 약속을 했다.

친구와 헤어지면서 집으로 오는 동안 오늘만큼은 일도 공부도 떠나서 잠이나 푹 자면서 쉬고 싶다. 집에 오니, 사랑하는 남동생 식구들이 와 있어서 더욱더 행복한 시간이었다. 식구들에게 시험 잘 봤다고 하면서 자신감 있게 말했다. 식구들도 좋아한다. 꼭 합격할 것이라는 자신감에 들떴다.

11월 11일 오전 10시에 홈페이지에 들어가 보니 GTQi 일러스트 3급 합격 89점으로 나왔다. 이 불편한 손으로 비장애인도 따기 힘든 일러스트에 합격했다. 일러스트자격증 계기로 어떤 일들이 생길까? 궁금하다. 그런데 일러스트 2급을 따고 싶다는 욕심이 생긴다. 이 열정과 도전은 무얼까? 나도 모르겠다. 하지만 취업은 못 해도 장애인 친구들을 가르쳐주고 싶다는 생각이 스치고 지나간다. 그래 자원봉사의 귀한 기회가 있잖아? 앞일은 어차피 모르는 일이다.

아무튼, 뛸 듯이 기쁜 날이다. 예감이 이렇게 적중하다니.

『수필문학』 2017. 5월호

서 있는 게 좋아

지하철 타는 사람들은 먼저 자리를 차지하기 위하여, 사람이 내리지도 않았는데, 밀고 들어간다. 그러다가 다리에 힘이 없는 사람을 건드려 넘어뜨리면 사고가 날지도 모른다. 그뿐 아니다. 승강기(엘리베이터)를 탈 때도 왜 그렇게 성급하게 드나드는지. 어르신이나 장애인이 사용하는 곳이라서 더 위태롭다. 몸을 잘 가누지 못하는 사람들이 다치기라도 한다면 어찌할까. 생각만 해도 두렵다. 약한 사람을 배려하고 느긋하게 기다려줄 줄 아는 사회가 되려면 아직 먼 걸까.

오랫동안 앉아 있으면 하지정맥류, 심혈관질환 등 각종 질병이 노출될 확률이 높다고 한다. 얼마 전 티브이에서 '생로병사의 비밀'이라는 프로그램을 보았다. 하루 종일 앉아서 일하는 사람에겐 복부지방이 쌓인다고 한다. 나도 매일 앉아 있어서 걱정이다.

사람은 원래 서서 생활하게끔 만들어졌다고 한다. 외국에서는 사무실에 높이를 조절할 수 있는 책상을 두어, 주로 서서 일하다가 정 힘들면 잠깐 앉을 수 있도록 한다. 서서 일하면 집중이 더 잘되어 능률이 오르고, 걷기 운동을 하는 것과 같은 효과가 있다고 한다. 회의도 독서도 서서 하는데 오히려 덜 피곤하다고 한다. 서서 묵주기도를 한두 번 해보았지만, 힘이 든다. 요즘 몸이 좋지 않아서 회복되는 대로 다시 도전해 보려고 한다.

지하철에서 앉아 있으면 좋지 않다는데, 사람들은 서로 먼저 앉으려고 다툰다. 나는 지하철을 타는 동안이라도 서 있으려고 한다. 지하철 타는데 자리 하나가 비어 있었다. 얼른 어르신에게 자리를 양보했다. 할아버지와 서로 앉으라고 하면서 결국 할아버지께서 고맙다 하시면 앉으셨다. 힘들어도 보람 있는 일이다. 좋은 일 하면서 건강해질 수 있다면 일거양득이 아닌가. 불편한 몸이지만 지하철을 탈 수 있고 서서 갈 수도 있어 행복하다고 위안으로 삼는다. 움직이지 않으면 근육이 약해지고 힘이 빠진다. 몸이란 한 곳이 약해지면 다른 곳도 영향을 받게 마련이다. 사실 다른 사람하고 함께 탈 때는 그냥 앉아서 간다. 그 사람이 불편해할까 봐!

건강해서 계단을 자유로이 오르내리고, 오랫동안 고통 없이 서 있을 수 있는 사람들은 그들이 얼마나 행복한지 모를 것이다. 나는 시간이 오래 걸리고, 다른 사람들과 부딪혀 넘어질까 봐 계단 대신 승강기를 이용한다. 전동휠체어를 타고 다니면 어떻겠냐고 말하는 사람도 있지만, '걸어 다닐 수 있을 때까지 절대로 타지 않을 거야' 하고 다짐한다.

참을 만하다면 늘 서서 가려고 한다. 사람이 많지 않으면 지하철 의자 옆에 있는 봉을 잡을 수 있으니 괜찮다. 애쓰는 동안 몸과 마음이 강해질 것이다. "건강해 보인다." "날씬해졌다." 이런 얘기를 듣고 싶다. 무엇보다도 나 자신에게 "잘했어. 네가 자랑스러워."라는 칭찬을 받고 싶다.

『수필문학』 2014. 7월호

첫눈

11월 26일, 포토샵 시험을 보고 나오는데, 첫눈이 내린다. 나에게 그동안 고생 많이 했다고, 하늘도 감탄하여 수고했다고 축하한다고 말하는 것 같다. 3월부터 시작한 일러스트와 포토샵 공부, 이제 마지막까지 시험을 보고 나니, 이 해방감이 너무나 좋다. 그 순간순간 시간들을 쪼개서 연습하는 과정은 결국 시간과 싸움이었다. 시험이라는 압박감에 늘 마음이 편안하지 않았다. 그 힘든 일러스트 공부하여 시험을 보고 나니, 포토샵 시험공부를 할 시간이 1달여밖에 없었다.

선생님은 오죽하면 내 불편한 손으로 연습하는 것을 보시고 대신 시험 봐주고 싶다고 말씀까지 하셨다. 비장애인도 한 번에 따기 힘든 일러스트도 붙고, 포토샵도 붙을 것 같은 예감이다. 사실 선생님들도 기대하지 않으셨다고 하신다. 그 순간순간 연습할수록 조금씩 좋아지는 것을 느끼면서도 이 불안감과 괜히 공부했다는 생각 등, 여러 고민들이 있었다. 결국, 그 순간순간 연습들이 결코 헛되지 않았다. 인생에 있어서 순간순간의 시간들이 얼마나 소중한 것인지 실감하였다.

무엇인가? 배우면 끝장을 보고 마는 나이기 때문에, 그만큼 내 자신이 힘들고 고달프다. 눈을 맞으며 한 번에 끝날 것 같은 예감이 들었다. 다시 도전 안 해도 될 것 같다. 한편으로는 이렇게 힘들게 살아온 과정들이 서글픔으로 밀려온다. 하늘도 무심하시지 않는다는 것에 신께 감사할 뿐이다.

50이 다 된 나이에, 이 도전과 열정은 무엇인지 나도 잘 모르겠다. 다만 나도 무엇인지 할 수 있다는 자신감과 누구에게 인정을 받고 싶기도 하고, 혹시 취업할 수 있을 것 같아서 계속 도전하게 되는지 모르겠다. 남들은 이런 나에게 배워서 뭘 하느냐고 포기하고 쉽게 살아가면 되지 않느냐고 생각할 것이다. 또한, 마음속 아주 밑바닥에 "병신이 뭘 할 수 있어?" 하겠지만 사람들 비웃음으로 살아왔기 때문에 더욱더 열심히 하게 되었는지 모른다. 결국, 내 자신을 지키기 위해, 살아가기 위해 버티고 있는 것이 정답인지도 모르겠다.

이제는 같이 배우는 학생들이 거의 20, 30대이다. 결국, 그곳에서는 왕언니, 왕누나다. 세월이 흘러서 앞으로는 이런 기회가 없을 것 같다. 몸도 따라주지 않고, 이것이 마지막 자격증이 될 것 같다. 혹시 모르겠다. 또 다른 기회가 올지 앞날은 모르는 일이다. 하지만 요즘 자꾸 바리스타를 배우고 싶다는 생각이 든다. 그것도 시간과 배우는 경제적 여유와 손이 불편하지 않아야 하는데, 이런 것들이 다 맞아떨어져야 하는데, 이 속마음은 나 자신도 모르겠다. 그냥 잠시 꿈꾸는 것이리라.

아무튼, 이 첫눈이 기억에 오랫동안 남을 것 같다.

2017. 2. 25.

옷 정리

몇십 년 동안 쌓아 둔 옷들을 정리한다. 보기에 예쁘고 좋아서 사 놓고 한두 번 입다가 안 입은 옷들도 꽤 있다. 돈이 아깝다는 생각이 든다.

옷은 입기 편안한 것만 입게 된다. 안 입은 것들은 우선 쌀 포대에 담는다. 옷을 다 정리한다. 큰 쌀 포대에 한 자루, 작은 쌀 포대에 두 자루가 가득하다. 고물상에 가져다가 주면 1kg에 얼마씩 준다고 한다. 폐지 줍는 노부부에게 주니 좋아하신다.

오피스텔에 옷들을 가져다가 놓으니, 겨우 다 들어간다. 더 있어도 놓아둘 데가 없다. 옷은 한 번 사면 꽤 오랫동안 안 입는다. 이사를 할 때, 옷이 가짓수가 적으면 간편해서 좋다. 또 사람이 살다가 죽을 텐데, 그때 옷 정리하는 사람을 도와주는 것이 되어서 좋다.

앞으로는 옷을 사지 않으려 한다. 사람이 살아가는 동안에 큰 욕심이 필요 없는 것 같다.

몇십 년 된 옷들을 정리하고 나니, 내 마음까지 가벼워진 느낌이다.

여울문학회 『누군가에게 무엇이 되어』 23호 2021.

행복 부스터

작고 혼자 살기에 딱 좋은 집이 생겼다. 내 집을 가질 생각을 못 했다. 아닌, 나에게는 희망이 보이지 않았다.

울지도 못하고 태어났다. 그것이 앞으로 살아가면서 많이 울어야 할 예감이었다. 돌 때까지 앉아 있지 못했다. 5살 때부터 겨우 걷기 시작한다. 동생 따라 함께 밖에 나갔는데, 동네 아이들에게 병신이라고 놀림을 받았다. 그때부터 힘든 생활이 시작되었다. 밖에 나가면 불평등과 차별을 받았다. 나이에 맞지 않게 어린이 아이 취급을 하거나 자기들보다 못하다고 가르치려 들었다. 그것이 나의 가슴에 평생 한으로 살아가면서 받아야 할 고통이었다.

학교에 갔을 때, 손이 불편해서 학교 필기와 미술 시간 실과 시간 등 따라갈 수 없었다. 언어 장애로 음악 시간도 재미가 없었다. 체육 시간도 불편한 몸으로 할 수 없었다. 아이들에게 병신이라는 왕따로 친구도 없었다. 아무것도 잘하는 것이 없어서 정말 지옥이었다. 결국에 공부를 못하여 고등학교도 못 갔다.

장애인복지관에서 단순 작업하는 직장에 취업시켜 주었는데, 내가 있어야 할 때가 아니었다. 그때, 공부가 하고 싶어서 낮에는 일하고 저녁에는 야학을 다녔다. 야학과 학원에 다니면서 몇 년을 그렇게 공부를 하여 대검 검정고시에 합격하고 컴퓨터를 틈틈이 공부하다가 웹 마스터 공부를 전문적으로 시작해서 컴퓨터 자격증을 여러 개 취득하였다.

불편한 손으로 부업을 해보았지만, 돈벌이가 되지 않았다. 재택근무 워드 입력도 해보고 직장도 여러 군데 다녀보지만, 꾸준히 돈을 벌 수가 없었다. 돈을 버는 날보다 못 버는 날들이 많았다. 그 속에서 틈틈이 책을 보고 글을 썼다. 『수필문학』으로 등단을 하여 작가가 되었다.

부모님은 초등학교 1학년부터 저축하는 방법을 가르쳐 주셨다. 하루 세끼를 무엇이든지 잘 먹었다. 잘 먹는 대신에 주전부리하지 않았다. 돈이 있어도 너무나 바쁘게 열심히 살다가 보니, 돈을 쓸 시간도 없었다. 부모님 함께 사는 동안에는 용돈이며 생활비며 의식주까지 다 해결해 주셨다. 내가 돈 벌 때는 용돈만 쓰고 다 저축을 하였다.

40이 넘어서 유방암 수술에 몸이 여기저기 자주 아프게 되었다. 어릴 때도 자주 아팠다. 너무나 피곤하게 살았다. 힘들고 스트레스까지 받아서 자주 아팠고, 불편한 다리에 변형이 와서 또한, 아팠다. 다행히 건강식품을 먹고 좋아지고 있다. 건강식품을 만난 것은 정말 행운이었다. 그것은 신이 주신 아주 귀한 선물이었다.

함께 글을 쓰는 문우 두 분께서 직장을 구해 주셔서 독립하게 되었다. 다행히 초등학교부터 저축한 돈으로 50이 넘어서 자그마한 오피스텔을 사게 되었다. 이것은 부모님과 두 분 문우 덕분이다. 이 나이에 다른 사람들은 기반을 다 만들어서 편안하게 살아가고 있다. 또한, 오십이 넘으면 회사에서 물러나야 하는 때이다. 그런 면에서 힘들고 속상하지만 일을 할 수 있고 조그마한 집이 있다는 것은 아주 큰 축복이다.

내 집이 생겼다. 재택근무를 하면서 글을 쓰고 책을 보고 아무에게 방해받지 않은 공간에서 자유로운 생활을 할 수 있다는 것에 얼마나 행복한 인생인가? 절망 속에서도 열심히 살다가 보니, 세월 따라 자연히 행복 부스터가 오게 되었다.

지금까지 살아온 것처럼 희망과 꿈을 향하여 달려보련다.

살다가 도움이 필요한 사람이 있다면 나도 누군가에게 행복한 부스터가 되어 주고 싶다. 2022. 3. 27.

4

얼마나 기다렸는데

아이가 몸부림친다

6살 남자아이가 운다. 엄마가 달래도 소용이 없다. 할 수 없이 물리치료 선생님이 몸부림치는 아이를 번쩍 안고 물리치료실로 들어간다. 그런 아이의 모습을 보면서 엄마의 마음은 찢어진다. 어떤 아이는 잘 따라서 하고 잘 견디는 것을 보고 기특해서 그 엄마도 마음이 찢어진다. 엄마의 마음은 다 똑같은 것이다. 엄마들은 돈이 문제가 아니라. 하루라도 조금이라도 더 좋아지길 간절한 마음으로 기도를 한다.

너무 어릴 적이라 생각이 나지 않지만, 나를 낳고 바로 엄마가 동생을 가져서 고모가 나를 고친다고 업고, 안고 하면서 좋다는 병원을 다 데리고 다녔다고 하신다. 돌아가신 지 꽤 오래되었다. 그런 것도 모르고 평생을 지내다가 이젠 알게 되었다. '고모가 나 때문에 얼마나 힘들었을까? 고모에게 더 잘해 드릴걸' 하고 후회도 해본다. 나는 지금 조카들에게 고모만큼 잘하고 있는지 반성도 해본다. '사랑은 내리사랑이라는데.'

다른 아이들과 뛰고 놀고 말을 할 아이들이 함께 놀지도 못하고 힘든 물리치료와 운동들로 고통을 참아내야 한다. 매일 똑같은 치료와 운동이 반복이다. 어른들도 하기 힘든 운동이다. 그런데 어린아이들이 견디어야 한다. 나도 그 꼬마들을 보면서 마음이 아파온다.

나도 이제는 몸에 변형이 오기 시작했다. 걸음걸이가 바르지 않아서 골반과 허리가 아프고 나중에는 아주 걸을 수 없게 될 수 있다. 또한, 몸을 무리해서 혈액순환이 안 되고 소화도 안 되고 가슴이 답답하고 통증으로 아주 기력이 떨어진 상태이다. 하루에 운동을 3시간 이상씩 하다가 보니, 꽤 좋아졌다. 잘 먹고, 푹 자고, 운동을 많이 해야 한다. 아프다 보니, 한의원에 다니면서 운동을 하다가 보니, 하루가 금방 지나간다. 돈은 돈대로 들어가고, 한의사는 오래 살고 싶으면 마음을 비우고 운동을 꾸준히 해야 한다고 한다. 몸이 너무 피곤하고 힘들어서, 성당에 십자가의 길도 딱 한 번밖에 못 갔다. 이런 상태가 되니, 참으로 서글프다. 열심히 살 때는 외롭지 않았다. 지금은 왜 이렇게 외롭고 힘든지 모르겠다. 어쩌면 모두 사람들이 외로운 인생인지도 모르는 일이다. 다만 그 여러 가지 어려운 현실들을 참고 견디고 표현을 하지 않을 뿐이다.

오늘도 운동해야 한다. 며칠만 하지 않으면 벌써 허리와 골반이 아파서 밤에 잠을 이루지 못한다. 매일 스트레칭을 처음 할 때는 통증이 심하다. 그것을 참고 몇 번 하면 그제야 근육과 자세가 제자리로 돌아와 몸이 풀린다. 운동하지 않으면 그렇게 몸이 굳어서 앉은뱅이가 될 수밖에 없는 상태다. 운동시간에 할까? 말까? 오늘만 쉬어 아니, 그냥 누워서 TV를 보고 싶고, 가만히 앉아서 책을 읽고 싶고, 글을 쓰고 싶다. 게임도 하고, 여러 가지 유혹이 나를 늘 괴롭히고 있다. 몸살이 오면 또, 중단되어서 며칠 못하면 통증으로 고생을 한다. 계속 악순환이다. 나에게는 운동이 다이어트로 하는 것이 아니다. 그야말로 재활치료로 건강을 지키는 아주 중요한 일이다.

내가 운동을 하지 않으면 그 꼬마들보다 못한 어른이지? 그 아이가 울면서 몸부림치는 모습이 지금도 눈에 선하다.

2019. 3. 30.

주먹이 날아왔다

요즘 새 학기다. 봄이라 새싹이 나오고, 아름다운 꽃들이 피고, 새 학년과 또는 대학을 졸업하고 출근으로 희망이 부풀어 오르는 새로운 기분과 설렘의 시작 3월이라는 달이다. 내 조카들은 학교에서 반장, 부반장이 되었다고 좋아하는데, 이곳에 오는 환자들은 머리에 이상으로 장애가 된 장애인들만 오는 재활의원이다.

여기에 오는 수동(중학교쯤 된 남자)은 '오늘은 기분이 영 아닌가?' 보다. 자꾸 졸고 있다. 물리치료를 받아야 하는데, 활동보조가 달래도 하기 싫다고 물리치료 선생님도 달래보지만, 필요가 없다. 내가 "오늘 수동이가 몸이 좋지 않거나, 아니면 학교에서 스트레스받은 것 같다"라고 말을 했지만, 활동보조는 물리치료를 꼭 받고 가야 한단다.

이럴 때 그냥 놔두는 것도 좋을 것 같은데, 나중에는 주먹으로 활동보조와 물리치료 선생님을 때리고 나중에는 나에게 와서 내 얼굴에 주먹으로 날린다. 얼얼했지만, 내가 아픈 것 보다 그 아이가 아파하는 것이 나를 더 아프게 했다. 곰같이 우둔하고 양같이 착한 아이가 이렇게 폭력을 휘두르고 있다. 요즘 새 학기가 되어 친구들이 바뀌어 아이들이 놀리고 못살게 한 것 같다. 그 생각을 하니, 내 어릴 때 추억이 떠올랐다. 아이들이 병신이라고 놀리고, 내 얼굴에 침을 뱉고, 모래를 몸에 뿌리고, 아이들과 이야기라도 하고 싶은데, 자꾸 피하고 왕따를 당했다. 그 마음 내가 알지 수동아, 요즘도 사회는 변하지 않은 것 같다.

아이가 살이 쪄서 더욱더 피곤해하는 것 같다. 살을 빼야 하는데, 학교가 무엇인데, 공부를 따라가지 못하면 집에서 그 아이에게 맞는 공부를 가르치는 것도 괜찮을 것 같다. 요즘은 인터넷으로 시간에 구해 없이 EBS로 공부할 수 있는 세상이라서 자기가 하고자 하고 옆에서 지도하는 선생님만 있으면 그런 상처를 받지 않고 좋을 것 같다. 하지만 아이들과 어울리면서 세상을 살아가는 법을 배우지 못하는 것이 또한 맘에 걸리는 일이기도 하다. 활동보조는 전혀 그러지 않던 아이가 폭력을 하는데, 아프고 무서워서 못 돌보 것이라고 당장 그만두어야 하겠다고 말한다. 수동이 아버지는 중병에 걸려서 어머니가 돌보는데, 언제 떠날지 모른다고 한다. 착한 아이를 이 사회가 폭력으로 만들고 있다. 아~ 누구의 책임인가?

내가 아는 언니는 학창시절에 장애인 친구에게 뭐라고 해서 어머니가 "네가 그런 처지라서 그런 대접을 받으면 좋겠냐?"고 죽도록 어머니에게 매를 맞았다고 한다. 아무에게나 불쌍하다고 말하는 것이 아니라고 한다. 그것은 그 사람의 기를 꺾는 일이라고 한다. 나도 그런 말을 들으면 영 기분이 좋지 않다. 또한, 어떤 할머니는 어머니에게 몸이 불편한 사람을 쳐다보지 않는 것이 예의라고 교육을 받았다고 한다. 그런 사람들이 있기에 세상이 돌아가는 것 같다.

수동이는 할 수 없이 물리치료도 못 받고 장애인 콜택시를 타고 집으로 돌아갔다. 가는 동안 아무 일도 없어야 하는데, 은근히 걱정된다. 오늘은 물리치료를 받은 아이들이 다 짜증과 신경질적이라고 한다. 이 아이들이 아픔들을 무엇으로 치유해 주고, 무엇으로 스트레스를 풀어주고 이 아픈 상처들을 어떻게 해 줄까? 평생을 장애인이라는 아픈 굴레 속에서 죽을 때까지 살아야 하는 이 아이들을 말이다.

3월이라는 이 좋은 달, 비장애인들과 장애인들이 함께 어우러져 아름답게 살아 갈기 바라는 것이 욕심일까? 맞은 곳은 얼얼한데 왜 이렇게 가슴이 먹먹한지 모르겠다.

2019. 3. 16.

그놈의 학벌이 무엇인데

그놈의 학벌이 무엇인데, 이다음에 여유가 생기면 가야지 한 것이다. 마음 같아서 대학을 가고 싶지만, 이제는 늦었다. 이 나이에 대학 나와서 무엇을 한다는 말인가? 재활의원에 오는 고3 여학생이 있다. 환자 보호자들이 대학은 가니, 학교에서 몇 등 해, 등등 물어본다. 휠체어를 타고 손이 불편한 여학생에게 물어보는 자체가 스트레스고 아픔이다. 순수한 여학생은 반에서 꼴등 한다고 말한다. 거기다 대고 자기 딸은 명문대 나와서 좋은 회사에 다닌다고 자랑삼아 말한다.

장애인이 그 불편한 손으로 학교 필기는 제대로 따라갈 수 있는 현실인가? 또한, 학교에서 놀림을 받을 때, 그 아픔 때문에 머릿속에 공부는 제대로 들어올까? 다른 친구들은 학교에서 공부하고 학원들에 다니지만, 이 친구는 그 시간에 와서 물리치료와 운동을 하고, 장애인 콜택시도 제때 오지 않아서 기다려야 한다. 그만큼 시간을 낭비해야 한다. 또한, 물리치료와 운동을 하다가 보면 몸은 왜 이렇게 지치고 힘들까?

지금은 대신 필기를 해주는 사람도 있다고 하지만, 건강하지 못한 학생인 경우는 과로사로 세상을 떠날지도 모르는 현실이다. 정말 독한 학생들은 학교 다 때려치우고, 독학하여 검정고시를 보는 학생도 있다. 그런 경우 특별히 머리가 좋거나 끈기와 인내와 보통 정신력으로 감당하기 쉬운 일이 아니다. 또한, 집에 경제적 여유가 있어야 가능한 일이다.

대학을 나와도 비장애인도 취업하기 힘든 세상인데, 몸이 불편하다는 이유로 거기서 또 차별을 받아야 한다. 이 친구도 앞날들이 캄캄할 것이다. 가만히 보니, 집도 가난한 것 같다. 아니면 부잣집에라도 태어나지, 그렇다고 인내심도 끈기도 없는 것 같다. 또한, 삶에 뚜렷한 목표도 없는 것 같다. 내가 그 학생을 잘못 판단하고 있는지도 모르는 일이다. 나도 앞날이 보이지 않았다. 살다 보니, 할 수 없이 여기까지 왔다. 몸에 무리가 와 기력이 없다고 쉬라고 한다. 쉴 형편도 아니다. 게다가 옛날처럼 노력도 많이 할 수 없는 상태가 되었다. 잘 먹고, 잘 자고, 운동 많이 하라고 하는데, 그러다가 보면 하루가 금방 간다.

보호자들은 가만히 있는 것이 그 친구를 도와주는 일이다. 어떤 아는 지인들은 나에게 대학을 가라고 권한다. 이 사람들아, 경제적 능력과 건강과 시간이 3박자가 따라 주어야 하지 아무나 가냐?

그놈의 학벌이 무엇인데….

2019. 4. 6.

얼마나 기다렸는데

골반과 허리가 아파서 잠을 잘 자지 못하였다. 그 정도는 괜찮았다. 아주 심하게 되어서 발뒤꿈치를 바닥에 디디지 못할 정도로 당기고 아프다. 진통소염제를 먹어도 걸어 다닐 수가 없다. 진통제를 먹어 허벅지에 대상포진이 오는지도 몰랐다. 아프기는 했지만 늦게 발견을 했다면 아마도 큰일이 나고 말았을 것이다. 통진 클리닉을 다니면서 주사를 맞고 한의원에 다니면서 침을 맞았다. 그런데다가 몸이 과로와 화병으로 먹은 것이 올라오고 가슴이 답답하고 소화가 되지 않았다. 몸이 지탱할 수 없는 상태가 되었다. 할 일은 많은데, 왜 이렇게 아프지. 성당에서는 어떻게 알았는지 내가 많이 아프다는 소문이 돌고 있었다.

다행히 장애인복지관에서 개관기념일이라고 하여 2년 동안 무료로 2번 물리치료 상담을 받아서 살살 달래가면서 계속 스트레칭을 하고 있다. 물리치료 선생님은 물리치료 받기 위해서는 나의 대기 순서로는 100명이나 넘게 기다려야 한다고 말했다. 가르쳐주고 싶은 것이 많다고 하였다. 그나마 지금은 운동하면서 자전거를 잘 활용하여 타고 다닌다.

몸이 전체적으로 밑바닥까지 약해져서 마음을 비우고 운동을 많이 해야 살 수 있다고 한다. 한의사는 단전호흡하라고 권했다. 마침 주민센터에서 매주 월요일, 수요일, 금요일 3번 오전 9시부터 10시까지 운동하였다. 오후에는 재활의원에서 코끼리 자전거를 1시간씩 타고 저녁에는 스트레칭을 하고 잤다. 내가 왜 이렇게 운동을 해야 하나, 다 포기하고 싶다. 몸이 너무 피곤하고 몸살 기운으로 주말에는 끙끙 앓는다. 직장도 다녀야 하고, 다른 일도 해야 하고, 책도 읽어야 하고, 시 공부도 해야 한다. 그런 것도 다 포기하고 싶다. 다른 사람들은 편안하게 사는 것만 같이 보인다. 이제는 몸이 따라주지 않아서 문학기행도 못 따라가고 어디 나가서 돌아다니기가 힘든 상태다. 몸이 좋아지면 모르지만, 앞으로는 더 힘들 것 같다. 아니 지금 하는 일 정도만 유지돼도 좋겠다. 그나마 하는 것들이 있어서 버티고 있는지도 모르는 일이다. 그래도 희망과 꿈이 있기에 말이다.

거의 3년 가까이 물리치료 받기를 기다렸다. 어느 날 연락이 왔다. 물리치료프로그램이 없어졌다고 다른 곳으로 소개해 주겠다고 말이다. 그동안 많이 아파서 고생하면서도 기다리는 희망이 있었는데, 없어졌다니 기가 막혔다. 그러나 자전거 타고 단전호흡을 하고 스트레칭을 하면서 그래도 많이 좋아졌다. 아직도 골반과 허리가 아프다. 단지 더 아파서 앉은뱅이가 되지 않기를 바랄 뿐이다. 물리치료 비용이 많이 들고 오고 가는 거리가 너무나 멀다. 또한, 물리치료도 2년밖에 못 받는다. 그럼 또 다른 병원으로 찾아가야 한다. 물리치료 선생님은 부족하고 장애인들은 많다. 또한, 정보를 몰라서 엉뚱한 곳에서 치료를 잘못 받아서 고생하고 더 나빠지는 사람도 있다. 아니면 정보를 몰라서 그냥 아픔을 견디다가 일생을 마치는 사람도 있다. 어떤 장애인은 물리치료를 받기 위하여 6년을 기다리고 있다고 한다. 이 비극적인 현실이 정말 싫다.

정말 죽도록 운동을 하기 싫다. 그냥 편안하게 살고 싶다. 살겠다고 몸부림친다. 그러나 운동도 힘들고 직장생활도 힘들다. 읽지 못한 책들이 자꾸 쌓여만 간다. 마음은 아직 청춘인데 몸이 따라주지 않는다. 의사는 잠을 8시간 넘게 자고 잘 먹어야 한다고 한다. 아직도 8시간 넘게 못 자고 몸은 피곤하다 보니, 밥맛 없는 것이 당연한 일이다.

그냥 일 안 하고 먹고 살 만큼 부자였으면 좋겠다. 그것은 나에게 불가능한 일이다. 이 나이 동안 나는 뭐 했는가? 다른 사람들은 기반을 다잡아서 편안한 생활을 하는데, 장애인이라는 인생이 직업을 구하기 힘들어서 세월만 보내다 보니, 이 나이에 돈을 벌어놓은 것이 없어, 계속 직장을 다녀야 하는데, 직장에 다니는 것도 언제 실업자가 될지 모르는 일이다. 늘 두려움에 떨고 있다. 몸은 이제 점점 더 노화가 올 것이다.

죽는 날까지 힘들어도 아파도 열심히 살아야지. 결국, 자기 자신과 싸움이다. 피할 수 없는 운명이 희망과 절망 사이에 왔다 갔다 하는 것이 그래도 희망이 있어 버티고 있는지 모르겠다. 눈이 빠지게 기다리던 물리치료는 물 건너갔지만 말이다.

2019. 10. 8.

다시 마음을 다잡다

너무나 열심히 살다 보니, 잠을 잘 자지 못하고 밥을 먹으면 올라오고 가슴이 답답했다. 또한, 장애로 불편해서 자세가 바르지 않았다. 노화로 골반과 허리와 다리가 아프고 당겨서 걸을 수가 없었다. 병원과 한의원 다니면서 주사를 맞고, 진통소염제를 먹고, 침을 맞고, 뜸을 뜨고, 한약을 먹었다. 쓰러지기 직전이다.

한의사는 마음 비우고, 운동해야 살 수 있다고 했다. 더 나빠지면 공황장애까지 온다고 아주 위험한 상태라고 하였다. 단전호흡하면 피 순환이 잘 된다고 권했다. 다행히 주민센터에 그 프로그램이 있어 신청하였다.

처음에 가니, 사람들이 다들 불쌍하다고 동정 어린 눈으로 쳐다보았다. 단전호흡이 끝나고 강사님과 커피를 마시면서 한 시간 동안 살아온 이야기와 아픈 이야기를 하였다. 단전호흡에 대한 설명도 들었다. 그 후 월, 수, 금요일마다 아침 9시부터 10시까지 했다. 스트레칭 20분, 단전호흡 30분, 스트레칭 10으로 끝난다. 매일 먼저 가서 사람들 오기 전에 단전호흡매트를 깔아놓는다. 몸이 불편하다 보니, 다른 사람들과 같이 똑같이 할 수 없는 것은 당연한 일이다. 욕심을 부리지 않았다. 내가 할 수 있는 것만큼 한다. 강사님이 친절하게 내 장애에 맞게 친절히 잘 가르쳐주셔서 감사했다.

운동하다가 다리가 힘이 없어서 자꾸 넘어진다. 어떤 사람은 크게 다칠까 봐 불안하다고 함께 하는 것을 싫어하는 사람도 있었다. 다른 곳에 가서 재활치료나 받지, 왜 여기까지 와서 사람을 불안하게 만든다고 말이다. 단전호흡하고 나오면서 괜히 눈물이 나오고 포기하고 싶었다. 그 사람이 말하는 것은 그 사람 입장으로는 당연한 일이다. 다시 마음을 다잡았다. 그럴수록 단전호흡을 하는 동안에 넘어지지 않으려고 더 노력했다. 사람들이 싫은 소리를 하거나 못마땅하게 생각해도, 그럴수록 더 밝은 얼굴로 웃으면서 친절하게 말과 행동을 했다. 벌써 단전호흡을 시작한 지도 1년이 넘었다. 이제는 단전호흡하면서도 넘어지지 않고 다리에 힘이 생겼다. 걸음도 더 잘 걷는다. 혈색도 좋아지고 많이 건강해졌다. 그런 것들을 보면서 사람들도 내가 건강이 많이 좋아졌다고 한다. 매일 거의 빠지지 않고 나온다고 칭찬들을 한다. 직장도 있고 하는 것들도 많고 참으로 열심히 살아간다고 좋아들 한다. 지금은 모두가 한 가족처럼 잘 지내고 있다. 나에게 배울 점이 많다고 대견하고 기특하다고 한다.

내가 만일 포기하고 단전호흡을 그만두었다면, 내 건강은 더욱 더 나빠지고, 사람들은 장애인에 대하여 잘 몰랐을 것이다. 결국에는 서로가 좋지 않은 인연이 되었을 것이다. 또 이런 말들을 할 것이다. 장애인은 끈기도 없다고 할 것이다. 내가 조금 참고 기다리면서 한 행동이 나와 그 사람들에게 서로가 잘 알 수 있는 계기가 되었다. 나의 행동이 장애인 인식개선에 큰 역할을 한 것이다.

비장애인들이 스스로가 인식개선을 하는 것은 결국 쉬운 일이 아니다. 서로가 먼저 이해하고 배려하면서 점점 다가가기 위해서 장애인이나 비장애인이 서로 노력해야 차별과 편견을 깰 수 있다고 생각한다. 이번에 단전호흡하면서 더욱더 용기와 자신감이 생겼다.

2020. 3. 15.

재활병원

많은 장애인이 병원에 오는데, 시간만도 1, 2시간 걸린다. 장애인 콜택시도 시간에 맞추어 오지 않으니, 시간이 더 걸릴 수밖에 없다. 그럼 한나절이 다 간다. 또한, 혼자 움직이지도 못하여 가족이나 다른 사람들에게 도움을 받아서 와야 한다.

나 같은 경우에는 네발자전거를 타고 10분 정도 걸린다. 노화로 통증은 심하지만, 진통소염제를 먹고 재활치료를 받고 꾸준히 운동하니, 그런대로 견딜 만하다. 아직 사람들 도움 없이 걸을 수 있고, 말을 할 수 있으니, 얼마나 다행한 일인가?

다른 곳에서는 치료 기간이 있어서 2년 정도 받으면 다른 병원으로 찾아가 하는데, 이곳은 치료 기간이 없다.

아마 죽을 때까지 받아야 할 것 같다. 더 나빠지지 않기만 간절히 바랄 뿐이다. 계속 집에서 운동해야 몸이 굳지 않는다. 왜 운동까지 해야 하냐고 하루하루가 바쁜데, 원망도 해보지만, 이것이 운명인걸, 받아들일 수밖에 없는 일이다. 건강도 자기 자신과 싸움이다.

늘 바쁘고 힘들게 살아가는 것을 보시고 안타까워 신이 주신 선물인가? 난 정말 복 받았다. 신이 주신 아주 귀한 선물 때문이라도 더 열심히 착하게 살아야겠다.

2020. 6. 29.

황당함, 어이없음

1월 2일 9시까지 첫 출근이다. ○○재활의원에 8시 45분에 출근을 하였다. 조금 이따가 보니, 과장이라는 사람이 앞으로 왔다. 구청에서 이곳으로 배치받았다고 하니, 첫 마디가 연락받은 적이 없다고 한다. 또한, 우리는 사람이 필요 없다고 말을 하는 순간 너무나 황당했다. 그럼 내가 일했던 곳으로 보내 달라고 하니, 구청에서는 그렇게 할 수 없다고 한다.

'그럼 연락도 해보지 않고 자기네 마음대로 구청에서 보냈다.'는 말인가? 너무나 무책임한 일이다. 내가 앉아 있을 자리는 없고, 컴퓨터도 없고, 일도 시키지 않는다. '이런 경우가 어디 있단 말인가?' 이런 취급을 받는다는 것에 장애인이라는 서글픈 마음으로 다가온다. 아니 눈물이 나온다. 그렇게 힘들게 시험을 보고 왔는데 말이다.

당장 구청에 가서 따지고 싶었지만 나에게 무슨 힘이 있는가? 2주쯤 되어서 다른 곳으로 보낼 것이라고 과장이 나에게 말하고 아무 소식도 없다. 나는 일하는 시간에 걸레로 소파를 닦고, 틈틈이 청소하고, 정수기에 흘린 커피를 닦아 내고, 버리는 물이 차면 내다가 버린다. 또는 휠체어를 타고 오는 사람들에게 문을 열어주고, 옷을 입고 벗기고 하는 등, 힘든 사람들을 도와준다. 꼬마들과 놀아주기도 한다. 또한, 환자들과 보호자들이 하는 이야기들을 들어주고, 내 경험도 말하면서 서로가 도움이 되어 가고 있다. 사실 물리치료와 운동을 함께 한다는 것이 예삿일이 아니다. 보통 정신력 없이는 고통을 참고 견딜 수 없는 일이다. 그래서 환자들이 갈 때는 "수고하셨습니다." "고생하셨습니다." "힘들었지요." 하는 말을 전한다. 사실 다른 병원에는 관리·감독하고 도와주는 사람이 있단다. 이 병원에만 없는 모양이다.

그런 모습이 과장에게 잘 보였는지! 아무 말도 없다. 그냥 이렇게 다닐 수 있을 것 같다. 환자들과 보호자들은 내가 하는 행동이 예쁘다고, 과자나 빵 같은 것을 들고 와서 고맙다고 주기도 한다. 거절해도 계속 주면 받아서 병원 식구들과 같이 나누어 먹기도 한다.

황당하고 어이가 없었지만 참아보니, 괜찮아졌다. 속상하고 마음도 아프고, 지금도 내가 앉아 있을 자리는 여전히 없다. 그래도 견디어 보련다. 다 자기가 하기 나름인 것 같다. 결국에 일자리도 자신이 만들어가는 것 아닐까? 벌써 3월 18일이다.

2019. 3. 18.

닭백숙

장애인복지관 10주년이라고 점심을 먹고 가라고 한다. 그 많은 장애인에게 무료로 닭백숙과 밥과 반찬과 큰 수박 한 조각씩 식판에 가득 담아서 복지사 선생님들과 자원봉사자들이 식탁에 가져다가 준다. 내일이 초복이라고 닭백숙을 준비하였다고 한다. 마치 귀한 손님 대접을 받는 기분이다. 식판을 받아서 먹는데, 내가 닭고기를 잘 발라 먹지 못하는 것을 보고 맞은편에 앉은 아저씨가 발라 준다. 괜히 눈물이 나온다. 이렇게 고마운 분이 있나? 또 자원봉사자들이 비닐장갑을 끼고 와서 다른 장애인들에게 닭고기들을 발라 준다. 이런 모습들이 너무 아름답다. 사실 요즘 밖에 오고 가면서 상처를 너무 받아서 밖에 나오기 싫었다. 만약에 그냥 집에만 있었다면 이런 대접을 받을 수 있었을까? 고려대평생교육원 글벗들이 같이 점심을 먹으면 반찬들을 챙겨주고 생선을 발라주는 모습들이 겹쳐서 스쳐간다.

이런 아름다운 사람들이 있기에 절망 속에서 희망을 가지게 된다. 점심을 먹고 나오는데, 나오는 사람 모두에게 예쁘게 포장한 조그마한 떡 상자까지 하나씩 나누어 준다. 복지관에서 10주년이라고 해서 며칠 전부터 그 동네 일대에 집집마다 떡을 해 돌렸다고 한다. 동네에 장애인복지관이 있으니, 장애인들이 오고 가면서 걸리고 부딪칠까 봐 주민들이 먼저 조심하여 배려하고 양보하면서 다녔을 것이다. 또한, 온몸을 비틀면서 침을 질질 흘리면서 다니는 장애인들도 있을 것이다. 지적장애인 중에는 혼자서 중얼중얼하면서 시끄럽게 다니는 장애인도 있다. 아무튼, 이상한 몸짓과 행동으로 때로는 보기 싫을 것이다. 이상한 몸짓에 때론 놀라고 무서웠을 것이다. 이런 것들을 잘 봐줘서 고맙고 앞으로도 잘 봐주고 이해해 달라는 뜻에서 떡을 나누었을 원장님의 깊은 뜻이라고 생각한다.

떡을 받으면서 어떤 사람이 쓸데없이 돌아다녀서 가루 걸리고 귀찮다고 화를 낸다면 너무도 황당하겠지만 이해가 되기도 한다. 어쩌면 나도 비장애인으로 태어났다면 그보다 더했을지도 모른다는 생각을 했다. 나도 누구보다 열심히 살아가고 있지만, 그분들로서는 귀찮기만 할 수도 있을 것이다.

때로는 내가 무슨 죄가 있어 참아야 하느냐고 화를 낸 적도 있고 울기도 많이 울었다. 어쩔 수 없는 현실이기에 참아야 하고 받아들여야 한다는 것을 늦게나마 깨닫는 중이다. 그래야 내 마음이 편안하고 살아갈 수 있는 유일한 방법이다. 그들을 미워하고 원망하기보다는 이해하고 용서하면서 밝은 모습으로 먼저 다가가서 친절로 대한다면 그들도 달라질 것이다. 또한, 웃는 모습으로 말과 행동으로 조심하면서 열심히 살아가는 모습을 보여준다면 비장애인과 장애인이 더 가까워질 것이다.

닭백숙 한 그릇과 봉사자들을 통하여 많은 것들을 깨닫게 된 날이었다.

『수필문학』 2018. 4월호

살림하면서

엄마가 아프셔서 아무것도 못 하고 누워만 계신다.

엄마 손때가 묻은 살림을 한다. '엄마는 혼자 이 큰 살림을 하시려고 얼마나 힘들었을까?' 딸년이라는 것은 늘 바쁘다고, 힘들다고, 아프다고 엄마를 모르는 척했다. 함께 살림하고 엄마를 도와드렸다면 좋았을 텐데…. 또 엄마 마음을 얼마나 아프고 힘들게 했던가? 뉘우치면서도 가끔씩 엄마 속을 썩인다. 참으로 못난 딸이다.

엄마 살림을 도와주지 못해서 미안하다고 했더니, 아니라고 살림보다 네가 개척하며 살아가는 것이 잘한 것이라고 하신다. 엄마에게 많은 도움을 받으면서 불만과 투정만 부렸다. 엄마의 인생은 없었다. 오직 남편과 자식들에게 희생만 하고 사셨다.

겨우 재택근무를 하고 집안 살림을 해도 끝이 없다. 불편한 몸으로 살림을 하니, 시간이 다른 사람들에 비해 배 이상이나 걸린다. '늘 반복되는 살림이 엄마는 얼마나 지루했을까?' 그 많은 세월을 혼자 묵묵히 견디어오셨다. 밥을 하면서 사람들이 나에게 "너 밥은 할 수 있어?" "너 빨래는 할 수 있어?" 하고 물어본 사람들이 자꾸 떠오른다. 나도 다 할 수 있는데, 그것이 상처가 되어 마음에 남아 있다. 세끼 밥을 하고 음식 한 가지 만들고 나면 청소 빨래할 시간도 없다. 잠은 두 시간 정도밖에 못 잔다. 늘 왔다 갔다 하니, 다리가 너무 아파서 소염진통제를 먹는다. 장애인이 이래서 힘들구나! 또, 한 번 체험하게 된다. 엄마는 그 큰 살림을 하면서 오후에는 시간이 그래도 있었다. 난 살림하다가 시간을 다 보낼 수밖에 없는 내 인생을 부정하고 싶다.

엄마의 역할이 얼마나 중요했는지 느낀다. 가족이 한 사람이 아프니, 식구들도 다 힘들다. 살림하면서 나도 짜증이 나고 지쳐간다. 엄마는 평생을 해 오셨는데, 난 힘들다고 한다. 나의 엄마는 늘 젊고 건강할 줄 알았다. 세월이 지나고 늙고 병드는 것을, 그 순간순간 삶을 잘살아야 하는데, 난 그렇게 못했다. 나의 그릇이 이것밖에 못 된다.

아픈 엄마를 요양보호사와 아버지에게 맡겨 두고 독립하여 나왔다. 딸자식은 소용이 없다. 그래서 내리사랑이라고 했던가? 어제 부모님을 뵙고 왔는데, 꽤 오래전 일 같다. 자꾸 생각이 나고 전화하고 싶다. 부모님 잘해 주셨던 것이 기억이 나고 그때, 그 시절이 행복한 것을 모른 채 부모님 속을 많이 썩였다. 나와서 살아보니, 부모님이 얼마나 어렵게 나를 키웠는지 느끼게 된다. 진즉에 잘해 드릴 걸 뉘우치지만 소용이 없다. 지금은 독립하여 혼자 잘 살아가는 것이 효도하는 것인지도 모른다.

누워 계시는 엄마가 떠오른다. 빨리 완쾌되길 간절히 기도할 뿐이다.

여울문학회 『누군가에게 무엇이 되어』 23호 2021.

정말 웃긴다

정말 웃기는 세상이다.

언니 일하는데 힘들지? 성윤아 나 장애인 돌보는데 가서 일했는데 손이 불편하다고 하루 만에 쫓겨났어. 핸드폰으로 통화하다가 내가 괜히 열 받는다. 아무리 자기는 다리만 불편하다고 손에 좀 장애가 있다고 안 쓴다고 말했단다. 자기도 장애인이면서 다른 장애인에게 일할 기회를 주지 않는다. 자기도 장애가 있어서 취업하기 힘들 텐데, 장애인이 장애인을 이해 못 한다는 것이 마음이 아프다.

지하철 엘리베이터를 탈 때, 자기도 장애인이면서 자기가 좀 빨리 탄다고 나에게 빨리 타라고 다그친다. 그러는 비장애인보다 장애인이 더 미워진다. 정립회관에 매점이 있었다. 중증 장애인들이 매점을 한다. 장애인들이 테이블에 앉아서 먹고 그대로 놓아두고 간다. 그러면 매점을 하는 중증 장애인들이 치워야 한다. 자기가 먹은 것은 자기가 치워야 하지 않는가? 컴퓨터 일러스트를 배울 때다. 선생님에게 궁금한 것이 있어서 질문하고 이야기를 나누었다. 자기도 장애인이면서 내가 말하는 것이 듣기 싫다고 외국에서 왔다고 빈정거렸다. 장애인 중에 도움을 받고도 고맙다는 말 한마디 안 하는 장애인도 있다. 도움받은 것이 당연하다고 한다. 그런 장애인에게 거지 근성을 가졌다고 장애인을 욕한다. 그런 장애인 때문에 많은 장애인이 욕을 먹는다.

그런 장애인들이 더욱더 이 사회가 불평등하다고 큰소리를 치고 있다. 정말 웃기는 세상이다. 나도 장애인이지만 그런 장애인들을 보면 나도 싫다.

하늘은 봄 햇볕이 따뜻하고 꽃들이 만발한 계절인데, 사람들 마음이 왜 아름답지 못할까?

2022. 4. 23.

5

특별한 과일장수

보조바퀴

벌써 자전거를 타기 시작한 것도 1년 10개월이 넘어간다. 그만큼 열심히 돌아다니고 성실히 살았다는 증거이다. 자전거가 나의 다리가 되어주었다. 이 세상에는 영원한 것은 없는 것 같다. 보조바퀴가 다 닳아서 바람이 빠졌다. 그동안 고생이 많았다. 주인을 잘못 만나서 쯧쯧….

네 바퀴가 달린 자전거여서 동네에서 고칠 수가 없다. 주문한데 직접 가서 수리를 받아야 한다. '어떻게 그곳까지 가느냐가 문제다. 사장은 인건비가 비싸서 혼자 운영을 하기 때문에 직접 방문해서 고쳐주지 못한다고 한다. 결국에 장애인 콜택시를 불렀다. 그런데 휠체어는 싣지만, 자전거는 안 된다고 한다. 다행히 자전거가 들어가기에 사정을 해서 타게 되었다.

송파구 문정로 195번지에 내려 주어야 하는데, 스마트폰으로 예약을 했다. 그런데 송파구 문정동 195번지로 내 발음을 잘못 듣고 차가 알지도 못하는 처음 오는 길에 내려 주었다. 여기서 내 언어장애가 또 이렇게 힘들게 만들었다. 이곳에서 어떻게 자전거를 끌고 가야 하는지? 막막했다. 사람들에게 물어보니, 자전거로 10~20분이면 간다고 했다. 도저히 갈 엄두가 나지 않았다.

길에서 어떤 아가씨에게 물어보니, 자기가 그곳까지 함께 가 주겠다고 했다. 10분만 기다리라고 하더니 자기 자전거를 끌고 나왔다. 앞서거니 뒤서거니 하면서 같이 가 주었다. 보조바퀴 한쪽이 바람이 빠져서 비틀거리고 바퀴가 잘 돌아가지 않아서 자전거를 타고 가고, 끌고 가고, 넘어지고 힘들어 온몸이 땀으로 범벅이 되고 하면서 가는 길이 왜 이렇게 멀게만 느껴지는지 모르겠다. 아가씨는 내가 걱정되어 괜찮으냐고 자꾸 물어본다. 난 괜찮다고 계속 대답했다.

앞에 가는 아가씨가 무척이나 고마워 '주님, 아름다운 마음씨를 가진 천사를 보내주셔서 감사합니다. 그 천사에게 하는 모든 일이 잘되게 도와달라고' 간절히 화살기도를 했다. 아가씨에게 무척이나 고맙고 귀한 시간을 빼앗아 어떻게 하냐고 했더니, 자기는 외국 여행 다니면서 이보다 더 어려운 상황에서 도움을 많이 받았다며 이것은 아무것도 아니라고 한다. 이런 아가씨가 있기에 세상은 아직 살 만하다. 그 천사가 없었다면 생각만 해도 끔찍하다. 사람이 죽으라는 법은 없는 것 같다. 난 아무도 도와주지 못하고 받기만 하고 산 것 같아 부끄럽다. 나도 어려운 사람이 있으면 꼭 도와주어야지 다짐을 해 본다.

자전거를 고쳤는데, 집에 갈 일이 걱정이다. 안 되는 것 알면서 장애인 콜택시를 불러서 또 사정해서 타고 왔다. 다른 장애인들이 휠체어를 태우는 곳에 엉뚱한 물건들을 실어서 사람들과 자주 싸운다고 한다. 그래서 다른 것들은 싣지 못하게 되어 있다고 한다. 자전거도 사실은 보장구에 들어가야 한다. 사실 휠체어보다 자전거를 탈 수 있으면 자전거 타기를 난 권하고 싶다. 휠체어는 운동과 재활에 도움이 안 된다. 전동휠체어나 자전거나 위험하기는 마찬가지다. 그러고 보면 장애인들을 위해 고쳐야 할 것이 한둘이 아니다. 이런저런 것들을 생각하니, 마음이 너무나 아프다.

아침에 단전호흡을 마치고 10시 넘어서 출발했지만, 오전에 수리를 마칠 줄 알았던 것이 엉뚱한 곳에 내리는 바람에 일정이 완전히 꼬여 버렸다. 결국에 헤매고 다녀서 오후 3시에야 집에 도착했다. 점심은 거르고 넘어져서 무릎과 팔이 까져서 피 나고 멍이 들었다. 다리와 팔에 또 몇 군데가 훈장이 생겼다. 오늘은 참으로 끔찍한 하루였다. 며칠 전에 돌아가신 고모가 보이고, 오늘 아침에 새벽 미사 보고 오면서 쥐와 비둘기가 죽은 것을 보았다. 그래서 오늘 아침부터 기분이 좋지 않았다. 직장에 오후 1시 30분까지 출근도 못 하고 스마트폰으로 휴가를 냈다. 휴가로 처리가 되어서 다행이다.

내가 헤매고 다니는 동안 어머니에게서 수없이 스마트폰으로 연락이 오고 차를 타고 오는데, 비가 억수같이 내린다. 집에 도착하니, 아버지께서 나오시면서 고생 많았다고 하신다. 다음에 또 고장이 나면 어떻게 할지 걱정이다. 그때 일은 그때 걱정하자. 내일 또 자전거와 동행하면서 세상 속으로 또 씽씽 달려보자. 그나마 자전거가 없으면 난 집에만 있어야 하는 상태이다. "자전거야 정말 고마워! 주인 잘못 만나서 정말 고생이 많구나!"

2019. 7. 15.

동갑내기 친구

작년 재수요일부터 새벽 미사를 참례하기 시작했다. 마음도 괴롭고 우리 가정을 위하여 간절한 마음으로 성당에 매일 가게 되었다. 성당에 미사참례를 하니, 마음이 좀 편안해진다. 어느 날 날씬하고 얼굴도 예쁜 여자가 나에게 다가온다. 자전거 타고 집에 가려고 하는 나에게 안녕하고 말을 걸어온다. 우리 친구 하자고 한다. 마음이 참으로 따뜻한 느낌을 받았다. 그 후 내 책을 가져다주었더니, 얼마 후 카드를 나에게 주는 것이었다. 묵주 선물과 함께 말이다. 내용은 이런 내용이었다.

'내 친구 김성윤 데레사의 인생을 축복하고 응원하며 친구 전 프란치스카가' ♡♡♡

'맛있는 저녁을 먹으며 와인이라도 한잔할 수 있으면 좋겠다. 집으로 돌아가는 길에는 버스나 지하철에서 낭패를 당하는 일이 없었으면…. 시간이 멈춘 것처럼 문은 열린 채 사람들을 기다려주고, 아무도 찌푸리거나 큰 소리 내지 않으면 좋겠다.'

『아름다운 동행』 중에서

늘 싱글벙글 웃으며 흔들거리는 몸을 자전거에 싣고는 매일 새벽 어김없이 나와 미사에 참례하는 김성윤 데레사는 뇌변병 2급 장애우로 우리 성당의 교우입니다. 얼굴을 익힌 지는 꽤 되었으나, 그녀가 시인이자 수필가라는 것을 알게 된 것은 불과 2주 전 일입니다. 제 한 몸 가누기조차 어려워 보이는 그녀가 자전거를 타고 다니는 것도 신기했는데, 작가라니…. 적잖게 놀라운 일이었지요.

"와~ 멋지다, 멋지다!" 연거푸 감탄하는 제게 데레사는 무척 기분 좋은 몸짓으로 자신의 책 한 권을 선물해 주었습니다. 호기심 반, 놀라움 반으로 읽게 된 그녀의 수필집 『아름다운 동행』….

아들의 내시경 검사가 늦어져 거의 두 시간 넘게 기다리는 동안 저는 이 책을 읽으며 울고 또 울었습니다. 가슴이 미어지고 부끄럽고 창피해서…, 그리고 감사하고 미안해서…, 특별히 와닿았던 글의 내용 중 한 구절을 서두에 올려보았습니다.

가끔 우리는 우리가 얼마나 많은 것을 소유하고 누리고 있는지를 알지 못합니다. 받은 게 너무 많아 주체할 수 없을 정도임에도, 늘 가지지 못한 것을 부러워하고 탓합니다. 요사이 특히나 제가 그랬더랍니다.

서른댓 살밖에 안 돼 보이는 데레사였는데, 알고 보니 저와 딱 동갑입니다. 어깨동무하며 "우리 친구 하자!" 했건만, 데레사는 쉽게 말을 놓지 못합니다.

"네~ 우리 치, 친구해요…."

선뜻 말을 놓지 못하는 데레사를 보니, 그녀의 지나온 삶이 느껴져 다시금 가슴이 먹먹합니다. 그러나 우리 곧 친구가 될 것입니다. 이렇게 우리를 맺어주신 그분의 뜻은 분명 '아름다운 동행'을 바라심이라 믿기에….

2019. 6. 24. 오후 12:24

이 카드를 읽으면서 많은 감정이 스쳐간다. 늘 주위 사람들이 웃는 모습이 좋다고 말들을 한다. 어떤 때는 너무나 잘 웃어서 미친 여자 취급도 받기도 한다. 늘 웃으면서도 마음과 몸은 힘들고 괴로울 때가 많다. 그런데도 웃는 모습도 하나의 성격이고 복이라고 생각한다. 불편한 몸으로 힘들어하는 모습을 사람들이 보면 더욱더 힘들 것 같다.

내가 '다니는 모습이 그렇게 나약하게 보였나?' 하고 생각도 해본다. 친구가 부끄럽고 창피하고 감사하고 미안해서라고 했는데, 글쎄, 그런 필요가 없는 것이다. 나의 운명이기에 살기 위해서 버티고 견디어 온 것이다. 그 친구는 눈물이 많은 것 같다. 사실 나도 눈물이 많다.

체력이 따라주지 못하여, 성당 활동을 안 한 지도 꽤 오래되었다. 그러다가 보니, 성당 사람들과도 점점 멀어지는 느낌이다. 성당에 가서 그녀를 만나면 늘 반갑게 맞아준다. 때로는 같이 명동성당에 가서 고해성사도 보고, 미사참례도 한다. 때로는 함께 밥을 먹거나 커피도 마신다. 서로가 고민도 이야기한다.

그 친구는 나보고 착하다고 배울 점이 많고 똑똑하다고 했는데, 그것은 과대평가인 것 같다. 그녀는 두 남매의 어머니요, 옷 디자인으로 직장에서 일하고 있다. 꽤 섬세한 것 같다. 그 바쁜 생활 중에 틈틈이 성당 활동을 열심히 한다. 그런 그녀가 부럽기도 하다. 나도 그렇게 건강했으면 좋겠다. 그 친구처럼 밝고 따스한 마음을 가졌으면 좋겠다. 많은 사람이 나보고 착하다고 하는데, 나는 화가 나면 눈에 보이는 것이 없다. 때로는 잘 참다가도 이성을 잃을 때가 있다. 나는 죄인이다. 난 가면을 쓴 악마인지도 모른다. 단지 착하게 살려고 노력할 뿐이다. 그래서 한 단면만 보고 사람을 평가할 수 없다.

그렇게 마음이 통할 수 있는 친구가 생겼다는 것이 꿈만 같다. 하느님이 주신 아주 귀한 공짜 선물인 것 같다. '데레사 힘들고 아프고 외롭지, 그래서 너에게 서로 배우고, 돕고, 깨우치고, 의지하면서 착하게 살라고 친구를 보낸다.'라고 말씀하시는 것 같다.

언제나 하느님께서 힘들 때, 어려울 때, 늘 도와주는 것 같다.

늘 받기만 해서 미안하다는 생각을 한다. 이 비천한 저를 함께 해 주셔서 감사합니다.

그 친구와 아름다운 동행이 계속되길 바란다.

2020. 10. 7.

행복이 무엇일까?

요즘 행복이 무엇일까? 생각한다. 행복은 첫째가 건강이다. 이곳 재활의원에 온 지도 벌써 넉 달이 다 지나간다. 어느 엄마는 12㎏이 넘은 다섯 살짜리 아들을 업거나 안고 온다.

다섯 살 때까지 걷지 못하며 걷기가 힘들다고 한다. 매일 경기도로, 서울로, 인천으로 서너 곳의 병원으로 토요일 일요일도 없이 다닌다고 한다. 아이가 좀 좋아지길 간절한 마음으로 말이다. 엄마도 아이도 지쳐간다. 엄마는 벌써 다리와 어깨가 망가지고, 그리고 자궁내막암까지 걸려서 수술을 기다리고 있다. 하루 종일 잠 한 번만 자는 것이 소원이라고 한다. 조산으로 태어난 아이가 인큐베이터에 늦게 들어가 머리가 다 망가졌다고 한다. 그 당시

의사가 말하는 것을 녹음해야 했는데, 경황이 없어서 그저 아이만 살려 달라고 매달렸다고 한다. 병원비는 수도 없이 들어가고 할 수 없어서 부모님 도움을 받아 살아간다. 그러면서 아이에게 "아들이 아니라 웬수"라고 농담 삼아 말하고 있다.

어느 부부는 남편이 쓰러져서 10년을 넘게 병간호를 했다고 한다. 쓰러져 6개월 안에 얼마나 운동으로 극복하는 것에 따라서 건강회복이 달라진다고 한다. 아주머니는 자기가 애써서 남편이 좋아진 것이 아니라고 한다. 아무리 도와주려고 노력해도 본인이 노력이 없으면 아무 소용이 없다고 한다. 얼마나 노력을 하는지 그래서 때로는 귀찮아 도와주기 싫어도 도와줄 수밖에 없다고 한다. 그나마 지팡이라고 짚고 다니는 것이 다행이라고 한다. 병간호로 아주머니는 어깨와 팔이 망가지고 관절염까지 왔다고 한다. 아저씨는 왼쪽에 다리와 손이 불편하지만 그래도 매주 나와서 장애인들을 위해 탁구를 가르치는 봉사를 하고 계신다. 봉사는 건강한 사람만이 하는 것이 아닌 것 같다.

어느 어머니는 늙은 몸으로 쉰한 살인 아들을 휠체어에 태워서 데리고 오신다. 아들이 법원 사무실에 다니다가 쓰러져 10년 동안 병간호를 했다고 한다. 그러면서 있는 돈은 병원비로 땅이며 집이며 다 팔아 쓰고 이제는 수급자가 되어서 나라 도움으로 겨우 살아가고 있다. 살아갈 희망이 없다고 한탄을 하신다. "무슨 희망이 있어야 살아가는 힘이 생기지?" 하신다.

매일 와서 이런 환자들과 보호자들을 보면서 도움 없이 말할 수 있고 손을 움직일 수 있고 걸을 수 있다는 것이 얼마나 행복한 일인가? 지난날들을 늘 불만 불평하면서 살아온 나를 반성하게 된다. 이 병원에 온 것은 큰 주님의 축복인지도 모른다. 그 사람들을 좀 보면서 겸손해지라고 충고하시는 것 같다.

세상에는 이렇게 힘든 사람들이 있다는 것에 "주님 그들에게 왜 이런 고통을 주시는지 모르겠습니다. 무슨 장난입니까?" 대들기도 해 본다.

그분들도 그 상황 속에서 행복을 발견하는 복을 누렸으면 좋겠다.

『한국문학회』 2020년 봄호.

특별한 과일장수

오전 10시쯤 아주머니들이 손수레를 끌고 모여와 서 있다. 아주머니들 입소문으로 사람들이 점점 더 많아진다. 조금만 늦게 오면 아저씨 핸드폰이 끝없이 울린다. 동네 골목 사거리 구석에서 큰 트럭 과일장수가 있다. 가득 과일들을 싣고 와 판다. 과일들이 다른 곳보다 싸고 맛있다. 어디서 저렇게 맛있고 가격이 저렴한 것을 가져와 싸게 팔 수 있을까? 그것이 궁금하기도 하다. 사계절 동안 제철에 맞는 과일을 가져다가 장사를 한다. 며칠 전 대봉감을 한 상자(74~75개씩)에 만 원씩 팔아서 어머니도 두 상자나 사 오셨다. 옆집에 아주머니도 이런 대봉감이 있으면 진작 말해주지, 하기에 핸드폰 번호를 가르쳐드렸는데 다 팔아서 없다고 아쉬워했다.

다른 과일장수 아저씨들은 차를 끌고 와서 하루 종일 돌아다니면서 팔거나 하루 종일 그 자리에서 팔고 있는데, 이 아저씨는 2, 3시간이면 다 팔고 집으로 향한다. 어머니 말씀하시길, 옛날에는 그 아저씨도 차를 끌고 돌아다니면서 장사를 했다고 한다. 장사하다가 보니, 노하우를 알게 된 것이라. 때로는 이 아저씨가 '오전만 일하고 오후에 다른 것들을 할 수 있어서 얼마나 좋을까?' 하고 부러울 때가 있다. '아저씨는 오후에 어떻게 시간들을 활용하실까?' 그 아저씨를 보면서 돈도 더 많이 벌고 싶고, 공부도 더 많이 하고 싶고, 책도 많이 읽고, 더 좋은 글도 쓰고 싶다는 평소의 생각이 더 간절해진다. 이런 생각이 욕심일까? 그동안 시간을 쪼개어서 정말 열정적으로 살아왔다. 열심히 살아온 덕택에 지금의 나라는 사람이 존재한다고 생각한다.

요즘은 책을 읽거나 공부해야 할 시간에 자꾸 자고 싶고 편안히 앉아서 TV 드라마를 보고 있다. 점점 게으름을 피우고 있다. 그러면서 아프다고, 힘들다고, 쉬워야 한다고, 괜찮다고 나에게 핑곗거리로 변명을 하고 있다. 더구나 의사에게, '과로하지 마세요. 잘 먹어야 합니다. 푹 쉬세요. 많이 무리하게 걸어 다니지 마세요.' 그런 말을 들었으니, 더 자만에 빠지고 있다. 아프다고 헬스자전거도 안 타고, 스트레칭도 안 하고 있다. 그냥 만판이다. 이런 내가 바보 같고. 멍청이 같다. 더구나 요즘 그냥 돈 벌지 않고 집에만 있고 싶다는 생각이 굴뚝같다. 때로는 부자였다면 얼마나 좋을까? 하는 허황한 생각에 빠지기도 한다. 지금 일할 수 있는 것도 행복인데, 조금만 여유가 있어도 일하기 힘들어하며, 복에 겨워한다. 하루도 빠짐없이 와서 과일을 팔고 있는 저 아저씨도 때로는 나오기 싫을 때가 있을 것이다.

요즘 고려대평생교육원에 안 가고, 글을 안 쓰니, 그렇게 좋을 수가 없다. 그냥 이렇게 아무 생각이 없이 놀고 싶다. 이걸 어쩌면 좋은가? 아주 중병에 걸렸다. 다시 마음을 다잡아야 하는데 큰일이다. 과일장수 아저씨도 그 자리를 잡기까지 꽤 힘들었을 것이다. 그 아저씨 때문에 장사하기 어렵다고 다른 과일장수에게서 싫은 소리도 들었을 것이다. 이제는 그 자리는 아무도 건드리지 못하는 아저씨만의 장소가 되었다. 보이지 않은 아저씨의 성실함과 노력들과 믿음이 오늘의 그 아저씨 재산이다. 동네 주민들에게 맛있고 저렴한 가격으로 제철 과일들을 먹게 해주어서 다들 고맙다고 한다.

근면 성실은 언젠가 복으로 돌아오는 것 같다. 옛날 말에 노력은 아무도 못 따라온다고 했다. 꾸준히 정진하는 사람에게는 이길 장사가 없다는 것이다. 그 아저씨를 보는 어르신마다 참으로 성실하고 열심히 살아간다고 한마디씩 칭찬한다. 그 아저씨를 오고 가면서 보지만 나도 저절로 고개가 숙어진다. 나도 정신을 빨리 차려야 하는데 큰일이다. 어머니가 방금 사 오신 빠알간 사과 한입 베문다. 새콤달콤한 맛이 정신을 번쩍 들게 한다. 그래 이제 글쓰기를 다시 시작하자.

2017. 11. 9.

청년실업

퇴근하고 오는데, 전동휠체어 뒤에 리어카를 달아서 폐기물들을 가득 싣고 간다. 불편한 몸으로 몇 푼 벌어보겠다는 안간힘이다. 우리집 바로 맞은편에 노부부가 폐기물을 아침 일찍부터 저녁 늦도록 주워서 가득 싣고 고물상에 가져다준다.

몸이 불편해서 또는 나이가 많다는 이유로 직장이 없으니, 폐기물이라도 주워서 먹고 살아야 하기 때문이다. 몸이 아프고 힘도 꽤 많이 들 것이다. 나도 옛날에 컴퓨터 보조강사를 하면서 오고 가면서 폐기물들을 주워다가 고물상에 팔았다. 다리가 아파서 그 후 포기하고 말았다. 지금도 골목에 버려진 박스들을 보면 어쩌면 내 인생에 있어서 직장이 없으면 박스라도 주워야 할 처지가 될지도 모른다는 생각을 한다. '제발 어떤 일이든 좋으니, 주님 직장에 계속 다닐 수 있게 도와주세요.' 이 기도는 나의 기도 중에 하나이다.

어떤 청년들은 더럽다고 힘들다고 위험하다고 일을 하지 않는 젊은이들이 있다고 한다. 대학만 나왔다고 큰소리치면서 말이다. 대학을 나와도 일거리가 없으면 아르바이트나 폐기물이라도 주워 가면서 다른 일자리들을 찾아봐야 하지 않는가? 요즘 엄마들은 아이들이 해 달라는 것들을 거절도 없이 다 해준다고 어르신들이 걱정한다. 어르신들 하는 말이 틀린 말이 아닌 것 같다. 가끔은 우리가 살아가는 인생에서 굶어도 보고, 귀한 것도 일하고 얻어야 한다는 것을 어려서부터 배워야 한다. 그리고 보면 부모 교육이 참으로 무서운 것이다. 우리 젊은 사람들이 할 일들을 외국인들이 다 하고 있으니, 그들은 편안해서 일하는가? 큰 문제다. 외국인들이 일하기 좋아서 우리나라에서 일하는가? 어쩌면 외국인들보다 못하다는 것이 더 나의 가슴을 슬프게 한다.

그 젊은 청년들에게 나라에서 실업수당으로 50만 원씩 준다고 것도 난 이해가 안 된다. 한참 젊고 의욕이 넘치는 이들에게 말이다. 이 세상에 도움을 받아야 할 사람들이 얼마나 많은데, 자기가 노력하면 살 수 있는데 말이다. 일은 하기 싫고 TV나 보고 남들과 비교나 하고 삶이 심심하다고 하면서 쇼핑이나 다니고 카페에 앉아서 혼자 분위기 잡는 젊은이들도 있는 것 같다. 그 돈을 자기가 벌어서 사용하면 다행이지만 걱정이다. 다 그 나름대로 살아가는 방식이 있겠지만 말이다. 그러다가 세월이 흐르고 나이를 먹고 병이나 나면 그때는 일하고 싶어도 일할 수도 없다. 또한, 병원비가 무척 들어가는 나이가 된다. 사람들은 언제나 젊고 세월이 가지 않는다고 생각한다.

젊고 건강하다는 것은 큰 축복이다. 장애인으로 태어나서 불편한 몸으로 직장을 구하는 것은 하늘의 별 따기요. 장애인에 대한 차별과 멸시는 얼마나 심한가? 또한, 직업 선택의 길도 없어서 불편하고 아픈 몸으로 견디어야 한다. 그 불편한 몸으로 얼마나 열심히 살아가는 장애인들이 많은가? 또한, 직장을 다니고 기술이 있는 장애인에게 아무 할 말이 없으니, 잘났다고 하고, 부러워 기죽는다고 말한다. 나의 경우도 장애인으로 그 능력을 갖추기 위해서 밤낮으로 노력하고 너무나 바빠서 속상해도 울 시간도 먹을 시간도 쇼핑할 시간도 없이 노력하면서 살다가 보니, 그 아픔들을 다 겪어서 이 자리까지 온 것이다.

요즘 내가 아는 몇 명 중 자기는 힘들게 살고 싶지 않다고 무엇을 배워도 직장에 다녀도 편안하고 쉽게 살고 싶단다. 세상에 그런 세상이 어디 있느냐? 나 좀 가르쳐 주겠냐. 이 한심한 사람들아. 내 입에 맞는 떡은 없는 것 같다. 그 사람들은 내가 힘들게 산다고 쯧쯧 혀를 차지만 난 그 사람들이 왠지 나보다 더 불쌍하게 보인다.

2019. 7. 26.

느티나무

꽤 오랜만에 평일 미사 참례를 했다. 추석 명절 황금연휴 5일이 시작되는 첫날이다. 평일 새벽 미사 참례를 몸이 좋지 않아서 못했다. 평일 낮에는 일 때문에 미사 참례를 못 한다. 모처럼 미사 참례를 하고 성당 마당에 벤치에 앉아서 친구가 나오길 기다린다.

가만히 앉아서 위를 올려다보니, 느티나무 두 그루가 온 마당을 그늘로 감싸고 있다. 맨 처음 5학년 때 하느님을 알게 되었다. 기쁜 마음으로 성당에 왔다. 5학년 겨울방학 때, 영세를 받았다. 1년이 지나서 나에게 착한 친구가 나에게 다가왔다. 그 친구를 통하여 여러 친구를 사귀었다. 주일학교를 다니고, 여름 · 겨울 캠프와 피정도 다니고, 그 착한 친구는 내가 홍역을 앓아서 피정을 못 하게 되었을 때, 울어준 친구이다. 청소년·청년·성인 레지오 활동을 했다. 꾸준히 못 했지만, 시간과 여유가 있을 때, 내 나름대로 꽤 열심히도 했다. 그 친구들은 지금 뭐 하고 있을까? 궁금하다.

그때 느티나무가 우리에게 여름이면 시원한 그늘이 되어주었다. 친구들과 떠들고 웃고 놀고 성당 행사를 마당에서 많이 했다. 지금 보니, 그때보다 꽤 많이 컸다. 지금은 온 마당을 덮고도 남는다. 그 세월만큼 많이 흘려갔다. 가진 폭우와 폭풍과 추위와 싸우면서 견디어낸 느티나무 두 그릇, 옛날에 아파서 링거 주사를 맞아가면서 견디온 나무들, 늘 바빠서 미사만 보고 갔는데, 이렇게 여유를 가지고 너희를 보니, 꽤 오랜만이다. 푸른 가지들이 살랑살랑 춤을 추면서 반갑다고 나에게 인사를 한다. 어떻게 지내냐고 말이다. 너희들은 아직도 건강하게 잘 견디어 준 것이 고맙다. 너희들은 우리 성당의 자랑거리다.

푸른 나뭇가지들이 나에게 힘내라고 말하는 것 같다. 아직 살아야 한다고 아직 할 일이 많다고 포기하지 말라고 약해지지 말라고 단지 아픈 것, 잘 지나갈 것이라고 말이다. 아픔만큼 성숙해진다고 말이다. 옛날에는 어떻게 컴퓨터 공부를 하고, 책을 보고, 글을 쓰고, 일하고, 어떻게 성당 활동을 했는지 모르겠다. 어떻게 빈틈없이 시간들이 딱 맞았는지 궁금하다. 지금은 그렇게 하고 싶어도 못한다. 젊다는 것은 좋은 것 같다.

친구를 기다리는데 한 시간이 넘어간다. 책을 가지고 왔으면 책을 읽을 수 있을 텐데, 아니면 묵주기도라 할까 하다가 멍하니, 바보처럼 앉아 있다. 친구가 좀 몸과 마음을 쉬라고 휴식을 주는 것 같다. 몸은 감기몸살이 3주가 지나가는데, 병원에 다녀도 빨리 회복이 안 된다.

하느님께서 저 푸른 나뭇가지들처럼 생기있게 살라고 기죽지 말고 떳떳하게 살라고 아프면 쉬엄쉬엄 쉬어가라고, 조바심내지 말라고 천천히 살아가라 하신다. 누가? 뭐라고 해도 묵묵히 견디어 온 느티나무처럼, 자기 갈 길 걸어가면 된다고 남들 신경 쓰지 말라고 너는 이 세상에서 아직 살 이유가 있다고 좀 더 참고 견디라고 말씀하시는 것 같다.

계속 평일 미사 참례를 하고 싶은데, 마음뿐, 몸과 시간이 맞지 않는다. 매일 미사를 참례하면 좋을 것 같은데….

2020. 10. 11.

버려진 물건들

옥상에 살던 20대 초반의 아가씨가 이사 갔다. 가위, 세숫대야, 선풍기, 다리미, 다리미 받침대 등등 다 버리고 갔다. 어머니는 아직 새것인데, 버리고 갔다고 한소리 하신다. 내가 생각하기에도 아깝다. 이사를 하여서, 새것을 또 살까? 의심이 간다. 나는 인생에 있어서 돈 벌기가 힘들어서, 늘 알뜰하고 어렵게만 살았다. 어머니도 큰 집안 살림을 오직 알뜰하게만 살아오셨다.

어머니는 마침 선풍기가 고장이 나서 사야 했다고 좋아한다. 다리미도 새것이 생겼으니 이젠 이것으로 쓰겠다 하신다. 어머니가 시집와서 담요를 다리미 받침대로 사용하신 것을 버린다. 버리고 간 다리미 받침대를 깨끗하게 손봐서 사용하신다. 알뜰한 것도 좋지만 때로는 새것으로 사고 싶기도 할 것이다. "엄마 이것 좀 사서 사용해요." 하면 "주변머리가 없어서…" 한다. 사실 나도 마찬가지다. 알뜰하게만 살아와서 돈을 쓸 줄 모른다. 저번에는 마트에 갔다가 물가가 너무나 비싸서 그냥 집으로 왔다. 특히 요즘은 과일과 채소가 두 배 가까이 올랐다. '사람들은 얼마나 많은 돈을 벌어야 삶에 충족하면서 살까?' 하는 생각도 해 본다.

옛날에 다니던 두 직장에서 배운 것이 있다. 한 직장에서 중고가구 가게에 가서 가구를 구매하는 것이다. 또 한 직장에서는 길거리에 버려진 가구들을 주워 와 고쳐서 새것 같이 사용하는 것이다. 새것을 버리는 사람이 있는가 하면, 헌것을 주워다가 고쳐서 사용하는 사람이 있기에 세상에 돌아가는 것인지 모른다.

가끔 길을 가다가 저것을 집에 가지고 가면 사용할 수 있는 것인데, 하지만 머리는 따라주는데, 그것을 가지고 올 힘이 없다. 또한, 고쳐서 사용하기에 좋을 것 같은데, 손이 말을 듣지 않는다. 할 수 없이 포기할 때가 많다. 또한, 시간도 없다. 머리로는 하고 싶은 것이 너무나 많다. 무엇을 만들어 사업도 할 수 있을 것 같다. 몸만 불편하지 않으면 아마 큰 부자가 되어 교만하게 살지도 모른다. 너무 교만할 것 같아서 신께서 장애를 주신 것인지도 모른다.

어머니와 나는 습관에 익숙하여 늘 알뜰하게만 살 것 같다.

그 삶에 속에서 부족한 것을 크게 느끼지 못하고 산다는 것이 행복인지도 모르는 일이다.

오늘 버려진 물건들은 어머니의 새 식구가 되어 함박웃음을 짓는 것 아닐까?

2020. 11. 7.

은둔

봄비는 주룩주룩 내리는데, 사람들 마음은 한겨울같이 꽁꽁 얼어붙었다. 아니 두려움에 다들 떨고 있다. 사람이 사람을 무서워하고 있는 상태다. 밖에 나갈 생각도 못 하고 있다. 다행히 집에서 재택근무를 하여 그나마 다행이다. 좋은 옷도 멋을 낼 필요 없다. 편안하게 잠옷을 입고 생활한다. 물건이 필요하거나 은행에 갈 일이 있으면 인터넷으로 주문을 하거나 인터넷뱅킹으로 다 해결이 된다. 정말 좋은 세상이다. 밖에 나가지 않고 헬스 자전거를 타고 스트레칭으로 운동하면 된다. 벌써 바깥세상을 보지도 못한 것이 열흘이나 지났다. 밖에 나가지 않으니, 마스크도 필요하지 않다. 지금 상황에서는 일은 밖에 나가지 않은 일이 도와주는 일이다. 이렇게 아무 걱정 없이 생활할 수 있다는 것에 감사한 일이다. 한편으로는 갑갑하기도 하지만, 편안하다.

사실 때로는 밖에 나가기 싫었다. 세상 사람들이 싫어서 어디론가? 꼭꼭 숨어버리고 싶었던 때도 있었다. 간절히 바라던 평생 직업이라는 것이 생기고, 집에서 일할 수 있다는 것이 꿈만 같다. 집안에서 가스값 아까워서 떨기도 했다. 그 후 코와 목에 염증이 생겼다. 그 후 한 달 넘게 새벽 미사를 가지 못했다. 겨우 주일미사만 봤는데, 코로나19 전염병으로 성당에 주일미사도 참례 못 하게 되었다. 그 대신에 성경을 읽고 묵주기도를 하고 미사를 인터넷으로 참례를 한다. 그런데 사람이 보고 싶고 그리워진다. 무엇인가? 주고 싶은데, 만나자고 할 수 없다. 꼭 집에만 있는 것도 좋은 것이 아닌 것 같다. 단전호흡도 중지되고, 재활치료도 중지되었다. 코와 목의 염증으로 운동도 게으름 피우고 있다. 일상생활이 깨져버렸다. 살이 찌고, 약에 취하여 잠만 자고, 언제 또 나에게 허리와 골반과 다리에 통증이 올지 모른다. 그나마 진통소염제를 먹고 있는데, 재활치료 선생님이 걱정되었는지 아픈 곳이 없냐고 전화까지 해 주셨다. 전화를 해 주셔서 참으로 감사한 일이다.

세상은 사람들이 죽어가고 확진자가 점점 늘어나고, 병원과 의료진이 부족하고, 상점들과 식당들이 안 되고 모든 경제가 마비

되었다. 학교, 유치원, 다른 집단생활이 중지되었다. 다른 직장에서는 재택근무하거나 당분간 나오지 말라고 하는 회사도 있다고 한다. 코로나19가 언제 사라질지 모른다. 세상이 걱정되어 자연히 TV 앞에만 앉아 있게 된다. 책을 읽는 것도 머릿속에 잘 들어오지 않는다. 자연히 간절히 기도만 더 하게 된다.

'사람들이 착해지고 환경오염에 신경을 쓰면, 신께서 이 재앙을 거두어 가실까?' 생각도 해본다. 이 봄비가 세상을 깨끗이 목욕시키듯이, 코로나19도 봄비로 깨끗이 씻어주었으면 좋겠다. 따스한 햇살이 그리워지고 사람들 만나서 수다도 떨고 맛난 것도 같이 먹고 싶다.

2020. 2. 28.

당연한 것인데

아침 출근 시간이라서 지하철 엘리베이터는 꽤 복잡하다.

언제부터가? 내가 먼저 타면서부터 계속 오는 사람이 있으면 안에서 승강기 버튼을 꼭 누르고 있다. 복잡한 시간에 내가 맨 늦게 타는데 계속 사람들이 오고 있다. 그래서 팔로 문을 막고 서 있었다. 맨 뒤에서 바짝 마른 할머니가 곧 쓰러질 것같이 아주 느릿느릿 걸어오신다. 옆에 아주머니는 바빠 죽겠다고 한소리 한다. 이런 나를 보고 오셔서 계속 보고 고맙다고 하신다. 말도 안 되는지 손짓으로 말이다. 그리고 등까지 쓰다듬어 주신다. 아니라고 하는데도 계속 수없이 고맙다고 하는데 내 자신이 민망해진다. 당연한 것인데 말이다.

지하철에서 내려서 장애인 치과 정기검진을 받으러 걸어가는데 계속 그 할머니가 생각이 나면서 눈물이 자꾸 난다. 그 할머니는 또 얼마나 많은 사람에게 나처럼 눈치와 구박을 받았을까? 병신이 걸리적거리게 돌아다닌다고, 또는 빨리 못 탄다고, 그밖에 상상도 못 할 경험들을 했을 그 할머니를 생각하니, 꼭 나를 보는 것 같아서 울고 있는지도 모르겠다. 요즘 왜 바보같이 자꾸 눈물이 나오는지 모르겠다.

사실 아침에 출근이 늦을까 봐 바쁘게 타고 있는 사람이 있을 것이다. 사실 웬만하면 걸어서 계단으로 올라가는 것이 훨씬 더 빠르다. 건강을 위해서 걷는 것도 좋고, 또 걸어 다니는 것이 전기도 절약한다. 바쁘면 일찍 일어나서 나오든지. 오죽해야 엘리베이터를 타고 다닐까? 요즘은 젊은 사람이나, 아픈 사람이나, 안 아픈 사람이나 모두가 편안하게 가고 싶어서 엘리베이터를 탄다. 때로는 젊은 여자가 모르고 밀어서 넘어질 뻔하거나 넘어져도 미안하다는 말 한마디 없다. 엘리베이터는 당연히 노약자가 우선 타는 것이다.

그런데 사람들은 몸이 불편한 사람이 탄다는 생각을 아예 못 한다. 또 몇 초 빨리 가려고 밖에서 버튼을 누르면 싫어한다. 버튼을 눌렀다고 타박하는 소리 듣기 싫어서 그 엘리베이터가 올라간 후에 버튼을 천천히 누른다. 또 안에서 있을 때 사람이 오고 있어서 누르면 빨리 못 간다고 싫어하는 사람들이 있다. 이런 것을 절대 용납을 못 하는 개인주의와 이기주의가 되었다. 그럼 정말 불편한 노약자는 외출도 하지 말아야 하는지. 물론 염치 불고하고 타지만 어쩔 수 없는 일이다. 내가 먼저 이해하고 받아들이거나 아님, 그 사람들이 바꾸어야 하는데 그럴 가능성은 거의 없다고 생각한다. 결국 내 자신이 먼저 배려하고 넘어질 것 같으면 그냥 그 상황을 피하거나 내가 그 사람들 눈치를 보는 때가 많다. 그곳에서 넘어져서 큰 사고가 날 수도 있다. 내가 조심하는 것밖에 없는 것 같다.

때로는 먼저 엘리베이터를 타고 버튼을 누르면서 "천천히 오세요." 웃으면서 기다려주는 사람들도 꽤 많아졌다. 자리도 양보해주는 사람들도 있다. 그러면 나는 웃으면서 "고맙습니다." 하고 꼭 인사를 한다. 앞으로 더욱더 이런 사람들이 많이 생기길 빌어본다. 사실 못된 사람들도 있지만 아마 좋은 사람들이 더 많이 있어서 세상이 돌아간다고 생각한다.

상처는 생각하지도 말고 모든 것 내가 먼저 이해하고 배려하면서 살아가자. 그럴 때 내 인생이 즐겁고 편안하게 살아갈 수 있는 유익한 방법인지도 모르는 일 아니겠는가?

2017. 8. 5.

미나리

네 가족이 낯선 미국, 아칸소로 떠나온다.

아빠 '제이콥'(스티븐 연)은 자신의 농장을 가꾸기 시작한다. 엄마 '모니카'(한예리)는 일자리를 찾아 일을 시작한다. 농장을 가꾸면서 빚은 늘어가고 있다. 돈을 내지 못하여, 수돗물이 끊겨 물이 나오지 않는다. 아내는 남편에게 막내아들이 심장병을 앓고 있어 '데이빗'(앨런 김)을 위한 돈을 남겨두라고 한다. 부부는 서로 말다툼으로 싸운다. 아내는 이런 현실에 지쳐가고 있다. 남편은 직장생활이 싫어서 이 일을 시작한 것이라고 한다. 어쩌면 직장생활을 계속했다면, 가족은 고생하지 않았을 것이다.

남편의 말에 이해가 간다. 한국의 남자는 거의 대부분이 아침 일찍 나가서 밤늦게 들어와야 하는 현실이다. 아이들은 아빠 얼굴을 거의 못 보고 지낸다. 일하기 위해 태어난 것인지 모르는 현실이다. 낮에는 일하고 저녁과 주말에는 가족들과 즐겁게 보낼 수 없을까? 사교육비에 부부가 같이 일하지 않으면 안 되는 사회가 되어버렸다. 그만큼 가족들이 서로가 정을 못 느끼고 살아간다. 이 바쁜 시대에 자연히 개인주의가 되어 갈 수밖에 없다. 누구나 대학을 나와야만 하는 현실이다. 이젠 대학을 나와도 취업하기 힘든 세상이 되어버렸다. 모든 것들이 기계화되어가고 있어, 사람도 필요가 없다. 또한, 집값은 하늘을 치솟아 올라서 내 집 마련은 힘든 세상이 되어버렸다. 모든 사람이 힘들기만 하고 꿈과 희망이 없다는 말이 나오고 있다. 난 월급을 받아 적은 돈이지만 저축하고 용돈을 쓸 수 있다는 그 자체가 복이다. 물론 아직은 능력이 없어서 부모님 도움을 받고 살고 있다. 그렇게 살 수 있다는 것이 행복하다. 나머지 시간은 내가 하고 싶은 일을 할 수 있으니 말이다.

옛날 어르신들은 6 · 25라는 전쟁으로 아무것도 없었다. 그래도 맨주먹으로 노력만 하면 살 수 있었다. 내 자식만은 가난하게 살지 않게 하겠다고 허리띠를 졸라매서 공부를 시켰다. 경제가 성장하고 좋은 인재들을 키워냈다. 정말 한국은 정말 대단한 나라다. 그러나 한편으로는 아이를 공부만 시켜서 남을 배려하지 못한다. 또한, 부모가 해주는 대로 다 받았기 때문에 어려움을 모른다. 6·25 전쟁으로 먹을 것이 없었다고 하니까 전쟁이 나면 라면 끓여서 먹으면 된다는 아이의 웃지 못할 말을 듣기도 했다. 요즘 젊은 사람들은 하고 싶은 것 다 하고 산다고 어르신들은 말한다. 돈이 귀한 것도 모르고 아이들에게 해 달하는 대로 다 해준다고, 너무 편안해한다고 말한다. 너무 안 써도 안 좋고 너무 써도 안 좋다고 난 생각한다. 사람이 살아가는데 적당한 것이 참으로 중요한 것 같다.

아직 어린아이들을 돌아보아 주기 위해, 모니카'의 엄마 '순자'(윤여정)가 함께 살기로 하고 한국에서 가방 가득 고춧가루, 멸치, 한약을 가지고 온다. 친정엄마의 사랑이 느껴진다. 미나리 씨를 가져와 개울가에서 잘 자란다고 미나리를 심는다. 그곳에서 의젓한 큰딸 '앤'(노엘 케이트 조)과 장난꾸러기 막내아들 데이빗은 외할머니를 영 못마땅하게 생각하면서도 그들은 정들이 들어간다.

제이콥은 농장 실패를 거듭한다. 겨우 농작물을 키워서 계약하고 오는 동안 외할머니는 불편한 몸으로 일을 도와주겠다고 쓰레기들을 모아서 불에 태운다. 조금이나마 돕고 싶은 마음이었을 것이다. 그만 불이 번져 나간다. 불편한 몸으로 도저히 불을 끌 수가 없었다. 출하를 계약하고 온 농작물들이 들어있는 창고를 다 태운다. 그 모습에 지난날들을 불편한 몸으로 살아온 내 모습 같아서 마음이 찡하다. 순자는 넋이 나가서 미안해! 미안해! 하면서 길을 걸어간다. 두 어린 자매는 뛰어가 할머니를 모시고 온다. 그 후 부자는 미나리꽝에 가 싱싱한 미나리를 딴다. 그들은 절망 속에서도 가족의 사랑으로 다시 일어설 것이다.

낯선 땅에서 살아가는 이민 가족들의 삶을 보여주고 있다. 미나리는 어디에서도 잘 자라는 것처럼 우리 인간들도 힘들지만, 이 세상에 태어난 이상 적응하면서 살아야 한다. 살아가는 데 있어서 정답은 없는 것 같다.

『수필문학추천작가회 연간사화집』 29호 2021.

분수에 맞게

주식?

요즘 은행 이자도 줄고 해서 많은 사람이 주식에 투자하고 있다. 사람들이 증권회사에서 돈을 빌려서 투자를 한다. 그것은 잘못된 행동이다. 남의 돈으로 주식을 하는 사람은 반 이상 지고 들어가는 것이다.

어느 택시 기사 아저씨는 꽤 오랫동안 용돈이 생길 때마다 주식을 한 주 두 주씩 사서 모았다고 한다. 사 두었던 주식이 오랜 세월이 흐른 뒤 많이 올라서 큰 부자가 되었다고 한다.

탤런트 전원주 씨는 물건을 살 때도 꼭 필요한 것인지 생각하고 산다고 한다. 마트에 갈 때도 저녁에 밤에 떨이로 장을 본다고 한다. 그런 그녀가 주식을 한다고 한다.

주식으로 30억을 모았다고 한다. 주식을 할 때에도 그 회사가 망하지 않을지 점을 보고 산다고 한다. 지금도 사 놓은 주식이 20년이 넘은 것이 있다고 한다. 전원주 씨의 물건을 꼭 필요한 것만 샀다는 말에 동감한다. 나도 그렇게 살고 있다. 그렇지만 떨이 장은 못 보고 살았다. 밤에 불편한 몸으로 밖에 나가기도 힘들고 그때는 잘 시간에 시간이 맞지 않는다. 아무튼, 알뜰하게 살아온 사람은 그만큼 노력이 있기에 지금의 환경이 있다고 생각한다.

택시 기사 아저씨와 전원주 씨는 자기가 가지고 있는 돈에서 주식을 한 주 두 주씩 사 오랫동안 놓아두었던 것이 부자가 된 이유였다. 기다림과 분수에 맞게 산다는 것이 얼마나 중요한 일인가? 대부분 사람이 주식으로 돈을 벌었다면 다들 따라서 하는 경우가 많다. 하긴 나도 주식을 좀 샀다. 사람들은 금방 주식을 많이 사서 오르면 팔고 다른 주식을 사고 그렇게 욕심을 부리다가 보면 망하게 된다. 특히 남의 돈을 빌려서 사는 사람들은 정말 걱정이 된다.

월급을 받아서 저축은 그대로 하면서 용돈을 모아서 재미 삼아 해 보고 있다. 그 돈 아주 없는 셈 치고 말이다. 용돈을 모아서 주식을 산다는 것도 쉽지가 않다. 우량주를 사야 한다. 우량주는 한주에 몇만 원에서 몇십만 원까지 간다. 돈이 돈을 번다는 말이 맞는다. 사실 아주 작은 회사의 주식은 몇천 원짜리도 있다. 주식을 살 때는 그 회사를 잘 알아보고 사야 한다. 시끄러운 회사는 주식을 사지 말아야 한다. 주식을 한 주 두 주씩 사서 모아 둘 생각이다. 5년이고 10년이고 말이다. 그러다가 보면 물가가 올라가면 주식도 자연히 올라간다.

주식? 내가 산 주식이 대박이 날지? 알거지가 될지 앞날은 아무도 모르는 일이다.

『수필문학』 2021. 7월호

| 축간사 |

인간승리의 서사

오경자
(국제PEN한국본부 부이사장, 평론가)

수필은 자신의 체험을 바탕으로 해서 쓰는 글이라는 특성 때문에 개인의 신변이야기가 너무 많아서 자칫 문학의 향기를 제대로 뿜어내기 어려운 경우를 볼 수도 있다. 특히 좀 특수한 상황이거나 특별한 경력을 가진 사람의 경우는 그 특성 자체가 수필 쓰기에 도움이 되기도 하고 또 걸림돌이 되기도 하는 경우가 있을 수도 있다.

작가 김성윤은 장애우 작가이다. 일찍이 수필집 『아름다운 동행』으로 세상의 독자들과 해후했다. 장애를 지닌 사람이 비장애인들 속에서 살아가는 어려움을 진솔하게 쏟아놓은 그 수필집은 독자들의 뜨거운 박수를 받은바 있다. 그는 장애의 아픔을 토해내는 카타르시스적인 글 보다는 그 안에서 결국 희망을 노래하는 긍정의 미학을 아낌없이 선보였다.

이번 『행복 부스터』는 한층 더 장애우와 비장애인의 시각차를 좁히려는 노력과 함께 어울려서 살아가는 공동체의 모습을 부각시키고 그 안에서 장애우가 세상을 바꾸어가는 주체로서의 삶의 모습을 차분하고 담담하게 그리고 있다. 특히 역지사지의 시각에서 비장애인들의 무관심을 이해하려는 노력을 진솔하게 쓰고 있는 내용들은 독자의 가슴을 뭉클하게 하면서 장애우를 이해하는 엄청난 폭발력을 갖는다.

김성윤의 수필은 장애의 아픔을 딛고 역경을 헤쳐 나가는 인간승리의 장엄한 서사라 할 수 있다. 진솔하고 담담한 표현과 솔직한 심정의 토로를 일상생활속의 글감에 맛깔나게 버무린 구성은 놀랄 만하다.

코로나로 암울한 시기에 세상을 온통 밝게 보고자 애쓰는 김성윤의 인간승리의 서사가 영롱하게 엮어진 수필집 행복 부스터의 일독을 권하는 바이다.

행복 부스터

2022년 8월 20일 초판 인쇄
2022년 8월 25일 초판 발행

지은이 / 김성윤
발행인 / 강병욱

발행처 / 도서출판 교음사

03147 서울 종로구 삼일대로 457 수운회관 1308호
Tel (02) 737-7081, 739-7879(Fax)
e-mail : gyoeum@daum.net
등록 / 제2007-000052호

* 잘못된 책은 바꿔 드립니다. 값 12,000원

ISBN 978-89-7814-870-2 03810

- 이 도서는 한국장애인문화예술원, 문화체육관광부로부터
문화예술지원을 보조받아 발간되었습니다.